心一堂術數古籍珍本叢刊

書名：《二宅玄機》二種（《陰陽二宅錄驗》）附《臨穴指南節錄本》《青囊總秘要訣》

系列：心一堂術數古籍珍本叢刊　第三輯　331　堪輿類　無常派玄空珍秘

作者：【清】章仲山 傳

主編、責任編輯：陳劍聰

心一堂術數古籍珍本叢刊編校小組：陳劍聰　素聞　鄒偉才　虛白盧主

出版：心一堂有限公司

通訊地址：香港九龍旺角彌敦道六一〇號荷李活商業中心十八樓〇五〇六室

深港讀者服務中心‧中國深圳市羅湖區立新路六號羅湖商業大廈負一層〇〇八室

電話號碼：(852)67150840

網址：publish.sunyata.cc

電郵：sunyatabook@gmail.com

網店：http://book.sunyata.cc

淘寶店地址：https://sunyata.taobao.com

微店地址：https://weidian.com/s/1212826297

臉書：https://www.facebook.com/sunyatabook

讀者論壇：http://bbs.sunyata.cc/

版次：二零一九年十一月初版

平裝

定價：港幣　　九百八十八元

　　　新台幣　三千八百八十元

國際書號：ISBN 978-988-8582-86-0

版權所有　翻印必究

心一堂微店二維碼

心一堂淘寶店二維碼

香港發行：香港聯合書刊物流有限公司

地址：香港新界大埔汀麗路36號中華商務印刷大廈3樓

電話號碼：(852)2150-2100

傳真號碼：(852)2407-3062

電郵：info@suplogistics.com.hk

台灣發行：秀威資訊科技股份有限公司

地址：台灣台北市內湖區瑞光路七十六巷六十五號一樓

電話號碼：+886-2-2796-3638

傳真號碼：+886-2-2796-1377

網絡書店：www.bodbooks.com.tw

台灣秀威書店讀者服務中心：

地址：台灣台北市中山區松江路二〇九號一樓

電話號碼：+886-2-2518-0207

傳真號碼：+886-2-2518-0778

網絡書店：http://www.govbooks.com.tw

中國大陸發行　零售：深圳心一堂文化傳播有限公司

深圳地址：深圳市羅湖區立新路六號羅湖商業大廈負一層〇〇八室

電話號碼：(86)0755-82224934

心一堂術數古籍 珍本 整理 叢刊 總序

術數定義

術數，大概可謂以「推算（推演）、預測人（個人、群體、國家等）、事、物、自然現象、時間、空間方位等規律及氣數，並或通過種種『方術』，從而達致趨吉避凶或某種特定目的」之知識體系和方法。

術數類別

我國術數的內容類別，歷代不盡相同，例如《漢書‧藝文志》中載，漢代術數有六類：天文、曆譜、五行、蓍龜、雜占、形法。至清代《四庫全書》，術數類則有：數學、占候、相宅相墓、占卜、命書、相書、陰陽五行、雜技術等，其他如《後漢書‧方術部》、《藝文類聚‧方術部》、《太平御覽‧方術部》等，對於術數的分類，皆有差異。古代多把天文、曆譜、及部分數學均歸入術數類，而民間流行亦視傳統醫學作為術數的一環；此外，有些術數與宗教中的方術亦往往難以分開。現代民間則常將各種術數歸納為五大類別：命、卜、相、醫、山，通稱「五術」。

本叢刊在《四庫全書》的分類基礎上，將術數分為九大類別：占筮、星命、相術、堪輿、選擇、三式、讖諱、理數（陰陽五行）、雜術（其他）。而未收天文、曆譜、算術、宗教方術、醫學。

術數思想與發展──從術到學，乃至合道

我國術數是由上古的占星、卜筮、形法等術發展下來的。其中卜筮之術，是歷經夏商周三代而通過「龜卜、蓍筮」得出卜（筮）辭的一種預測（吉凶成敗）術，之後歸納並結集成書，此即現傳之《易

經》。經過春秋戰國至秦漢之際，受到當時諸子百家的影響，儒家的推崇，遂有《易傳》等的出現，原本是卜筮術書的《易經》，被提升及解讀成有包涵「天地之道（理）」之學。因此，《易·繫辭傳》曰：「易與天地準，故能彌綸天地之道。」

漢代以後，易學中的陰陽學說，與五行、九宮、干支、氣運、災變、律曆、卦氣、讖緯、天人感應說等相結合，形成易學中象數系統。而其他原與《易經》本來沒有關係的術數，如占星、形法、選擇，亦漸漸以易理（象數學說）為依歸。《四庫全書·易類小序》云：「術數之興，多在秦漢以後。要其旨，不出乎陰陽五行，生尅制化。實皆《易》之支派，傅以雜說耳。」至此，術數可謂已由「術」發展成「學」。

及至宋代，術數理論與理學中的河圖洛書、太極圖、邵雍先天之學及皇極經世等學說給合，通過術數以演繹理學中「天地中有一太極，萬物中各有一太極」（《朱子語類》）的思想。術數理論不單已發展至十分成熟，而且也從其學理中衍生一些新的方法或理論，如《梅花易數》、《河洛理數》等。

在傳統上，術數功能往往不止於僅作為趨吉避凶的方術，及「能彌綸天地之道」的學問，亦有其「修心養性」的功能，「與道合一」（修道）的內涵。《素問·上古天真論》：「上古之人，其知道者，法於陰陽，和於術數。」數之意義，不單是外在的算數、歷數、氣數，而是與理學中同等的「道」、「理」--心性的功能，北宋理氣家邵雍對此多有發揮：「聖人之心，是亦數也」、「萬化萬事生乎心」、「心為太極」。《觀物外篇》：「先天之學，心法也。……蓋天地萬物之理，盡在其中矣，心一而不分，則能應萬物。」反過來說，宋代的術數理論，受到當時理學、佛道及宋易影響，認為心性本質上是等同天地之太極。天地萬物氣數規律，能通過內觀自心而有所感知，即是內心也已具備有術數的推演及預測、感知能力；相傳是邵雍所創之《梅花易數》，便是在這樣的背景下誕生。

《易·文言傳》已有「積善之家，必有餘慶；積不善之家，必有餘殃」之說，至漢代流行的災變說及讖緯說，我國數千年來都認為天災，異常天象（自然現象），皆與一國或一地的施政者失德有關；下

至家族、個人之盛衰，也都與一族一人之德行修養有關。因此，我國術數中除了吉凶盛衰理數之外，人心的德行修養，也是趨吉避凶的一個關鍵因素。

術數與宗教、修道

在這種思想之下，我國術數不單只是附屬於巫術或宗教行為的方術，又往往是一種宗教的修煉手段──通過術數，以知陰陽，乃至合陰陽（道）。例如，「奇門遁甲」術中，即分為「術奇門」與「法奇門」兩大類。「其知道者，法於陰陽，和於術數。」例如，「奇門遁甲」術中，即分為「術奇門」與「法奇門」兩大類。「法奇門」中有大量道教中符籙、手印、存想、內煉的內容，是道教內丹外法的一種重要外法修煉體系。甚至在雷法一系的修煉上，亦大量應用了術數內容。此外，相術、堪輿術中也有修煉望氣（氣的形狀、顏色）的方法；堪輿家除了選擇陰陽宅之吉凶外，也有道教中選擇適合修道環境（法、財、侶、地中的地）的方法，以至通過堪輿術觀察天地山川陰陽之氣，亦成為領悟陰陽金丹大道的一途。

易學體系以外的術數與的少數民族的術數

我國術數中，也有不用或不全用易理作為其理論依據的，如揚雄的《太玄》、司馬光的《潛虛》。也有一些占卜法、雜術不屬於《易經》系統，不過對後世影響較少而已。

外來宗教及少數民族中也有不少雖受漢文化影響（如陰陽、五行、二十八宿等學說。）但仍自成系統的術數，如古代的西夏、突厥、吐魯番等占卜及星占術，藏族中有多種藏傳佛教占卜術、苯教占卜術；北方少數民族有薩滿教占卜術；不少少數民族如水族、白族、布朗族、佤族、彝族、苗族等，皆有占雞（卦）草卜、雞蛋卜等術，納西族的占星術、占卜術，彝族畢摩的推命術、占卜術……等等，都是屬於《易經》體系以外的術數。相對上，外國傳入的術數以及其理論，對我國術數影響更大。

曆法、推步術與外來術數的影響

我國的術數與曆法的關係非常緊密。早期的術數中，很多是利用星宿或星宿組合的位置（如某星在某州或某宮某度）付予某種吉凶意義，并據之以推演，例如歲星（木星）、月將（某月太陽所躔之宮次）等。不過，由於不同的古代曆法推步的誤差及歲差的問題，若干年後，其術數所用之星辰的位置，已與真實星辰的位置不一樣了；此如歲星（木星），早期的曆法及術數以十二年為一周期（以應地支），與木星真實周期十一點八六年，每幾十年便錯一宮。後來術家又設一「太歲」的假想星體來解決。又如六壬術中的「月將」，原是立春節氣後太陽躔娵訾之次而稱作「登明亥將」，至宋代，因歲差的關係，要到雨水節氣後太陽才躔娵訾之次，當時沈括提出了修正，但明清時六壬術中「月將」仍然沿用宋代沈括修正的起法沒有再修正。

由於以真實星象周期的推步術是非常繁複，而且古代星象推步術本身亦有不少誤差，大多數術數除依曆書保留了太陽（節氣）、太陰（月相）的簡單宮次計算外，漸漸形成根據干支、日月等的各自起例，以起出其他具有不同含義的眾多假想星象及神煞系統。唐宋以後，我國絕大部分術數都主要沿用這一系統，也出現了不少完全脫離真實星象的術數，如《子平術》、《紫微斗數》、《鐵版神數》等。後來就連一些利用真實星辰位置的術數，如《七政四餘術》及選擇法中的《天星選擇》，也已與假想星象及神煞混合而使用了。

隨着古代外國曆（推步）、術數的傳入，如唐代傳入的印度曆法及術數，元代傳入的回回曆等，其中我國占星術便吸收了印度占星術中羅睺星、計都星等而形成四餘星，又通過阿拉伯占星術而吸收了其中來自希臘、巴比倫占星術的黃道十二宮、四大（四元素）學說（地、水、火、風），並與我國傳統的二十八宿、五行說、神煞系統並存而形成《七政四餘術》。此外，一些術數中的北斗星名，不用我國傳統的星名：天樞、天璇、天璣、天權、玉衡、開陽、搖光，而是使用來自印度梵文所譯的：貪狼、巨

門、祿存、文曲、廉貞、武曲、破軍等，此明顯是受到唐代從印度傳入的曆法及占星術所影響。如星命術中的《紫微斗數》及堪輿術中的《撼龍經》等文獻中，其星皆用印度譯名。及至清初《時憲曆》，置閏之法則改用西法「定氣」。清代以後的術數，又作過不少的調整。

此外，我國相術中的面相術、手相術，唐宋之際受印度相術影響頗大，至民國初年，又通過翻譯歐西、日本的相術書籍而大量吸收歐西相術的內容，形成了現代我國坊間流行的新式相術。

陰陽學——術數在古代、官方管理及外國的影響

術數在古代社會中一直扮演着一個非常重要的角色，影響層面不單只是某一階層、某一職業、某一年齡的人，而是上自帝王，下至普通百姓，從出生到死亡，不論是生活上的小事如洗髮、出行等，大事如建房、入伙、出兵等，從個人、家族以至國家，從天文、氣象、地理到人事、軍事，從民俗、學術到宗教，都離不開術數的應用。我國最晚在唐代開始，已把以上術數之學，稱作陰陽（學），行術數者稱陰陽人。（敦煌文書、斯四三二七唐《師師漫語話》：「以下說陰陽人謾語話」，此說法後來傳入日本，今日本人稱行術數者為「陰陽師」）。一直到了清末，欽天監中負責陰陽術數的官員中，以及民間術數之士，仍名陰陽生。

古代政府的中欽天監（司天監），除了負責天文、曆法、輿地之外，亦精通其他如星占、選擇、堪輿等術數，除在皇室人員及朝庭中應用外，也定期頒行日書、修定術數，使民間對於天文、日曆用事吉凶及使用其他術數時，有所依從。

我國古代政府對官方及民間陰陽學及陰陽官員，從其內容、人員的選拔、培訓、認證、考核、律法監管等，都有制度。至明清兩代，其制度更為完善、嚴格。

宋代官學之中，課程中已有陰陽學及其考試的內容。（宋徽宗崇寧三年〔一一零四年〕崇寧算學令：「諸學生習……並曆算、三式、天文書。」「諸試……三式即射覆及預占三日陰陽風雨。天文即預

定一月或一季分野災祥，並以依經備草合問為通。」

金代司天臺，從民間「草澤人」（即民間習術數人士）考試選拔：「其試之制，以《宣明曆》試推步，及《婚書》、《地理新書》試合婚、安葬，並《易》筮法，六壬課、三命、五星之術。」（《金史》卷五十一·志第三十二·選舉一）

元代為進一步加強官方陰陽學對民間的影響、管理、控制及培育，除沿襲宋代、金代在司天監掌管陰陽學及中央的官學陰陽學課程之外，更在地方上增設陰陽學課程（《元史·選舉志一》：「世祖至元二十八年夏六月始置諸路陰陽學。」）地方上也設陰陽學教授員，培育及管轄地方陰陽人。（《元史·選舉志一》：「（元仁宗）延祐初，令陰陽人依儒醫例，於路、府、州設教授員，凡陰陽人皆管轄之，而上屬於太史焉。」）自此，民間的陰陽術士（陰陽人），被納入官方的管轄之下。

至明清兩代，陰陽學制度更為完善。中央欽天監掌管陰陽學，明代地方縣設陰陽學正術，各州設陰陽學典術，各縣設陰陽學訓術。陰陽人從地方陰陽學肄業或被選拔出來後，再送到欽天監考試。（《大明會典》卷二二三：「凡天下府州縣舉到陰陽人堪任正術等官者，俱從吏部送（欽天監），考中，送回選用；不中者發回原籍為民，原保官吏治罪。」）清代大致沿用明制，凡陰陽術數之流，悉歸中央欽天監及地方陰陽官員管理、培訓、認證。至今尚有「紹興府陰陽印」、「東光縣陰陽學記」等明代銅印，及某某縣某某之清代陰陽執照等傳世。

清代欽天監漏刻科對官員要求甚為嚴格。《大清會典》「國子監」規定：「凡算學之教，設肄業生。滿洲十有二人，蒙古、漢軍各六人，於各旗官學內考取。漢十有二人，於舉人、貢監生童內考取。」學生在官學肄業、貢監生肄業或考得舉人後，經過了五年對天文、算法、陰陽學的學習，其中精通陰陽術數者，會送往漏刻科。而在欽天監供職的官員，《大清會典則例》「欽天監」規定：「本監官生三年考核一次，術業精通者，保題升用。不及者，停其升轉，再加學習。如能

六

術數研究

　　術數在我國古代社會雖然影響深遠，「是傳統中國理念中的一門科學，從傳統的陰陽、五行、九宮、八卦、河圖、洛書等觀念作大自然的研究。……傳統中國的天文學、數學、煉丹術等，要到上世紀中葉始受世界學者肯定。可是，術數還未受到應得的注意。術數在傳統中國科技史、思想史，文化史、社會史，甚至軍事史都有一定的影響。……更進一步了解術數，我們將更能了解中國歷史的全貌。」

（何丙郁《術數、天文與醫學中國科技史的新視野》，香港城市大學中國文化中心。）

　　可是術數至今一直不受正統學界所重視，加上術家藏秘自珍，又揚言天機不可洩漏，「（術數）乃吾國科學與哲學融貫而成一種學說，數千年來傳衍嬗變，或隱或現，全賴一二有心人為之繼續維繫，賴以不絕，其中確有學術上研究之價值，非徒癡人說夢，荒誕不經之謂也。其所以至今不能在科學中成立一種地位者，實有數因。蓋古代士大夫階級目醫卜星相為九流之學，多恥道之；而發明諸大師又故為惝恍迷離之辭，以待後人探索；間有一二賢者有所發明，亦秘莫如深，既恐洩天地之秘，復恐譏為旁門左道，始終不肯公開研究，成立一有系統說明之書籍，貽之後世。故居今日而欲研究此種學術，實一極困難之事。」（民國徐樂吾《子平真詮評註》，方重審序）

勉供職，即予開復。仍不及者，降職一等，再令學習三年，能習熟者，准予開復，仍不能者，黜退。」除定期考核以定其升用降職外，《大清律例》中對陰陽術士不準確的推斷（妄言禍福）是要治罪的。《大清律例・一七八・術七・妄言禍福》：「凡陰陽術士，不許於大小文武官員之家妄言禍福，違者杖一百。其依經推算星命卜課，不在禁限。」大小文武官員延請的陰陽術士，自然是以欽天監漏刻科官員或地方陰陽官員為主。

　　官方陰陽學制度也影響鄰國如朝鮮、日本、越南等地，一直到了民國時期，鄰國仍然沿用着我國的多種術數。而我國的漢族術數，在古代甚至影響遍及西夏、突厥、吐蕃、阿拉伯、印度、東南亞諸國。

現存的術數古籍，除極少數是唐、宋、元的版本外，絕大多數是明、清兩代的版本。其內容也主要是明、清兩代流行的術數，唐宋或以前的術數及其書籍，大部分均已失傳，只能從史料記載、出土文獻、敦煌遺書中稍窺一鱗半爪。

術數版本

坊間術數古籍版本，大多是晚清書坊之翻刻本及民國書賈之重排本，其中豕亥魚魯，或任意增刪，往往文意全非，以至不能卒讀。現今不論是術數愛好者，還是民俗、史學、社會、文化、版本等學術研究者，要想得一常見術數書籍的善本、原版，已經非常困難，更遑論如稿本、鈔本、孤本等珍稀版本。

在文獻不足及缺乏善本的情況下，要想對術數的源流、理法、及其影響，作全面深入的研究，幾不可能。

有見及此，本叢刊編校小組經多年努力及多方協助，在海內外搜羅了二十世紀六十年代以前漢文為主的術數類善本、珍本、鈔本、孤本、稿本、批校本等數百種，精選出其中最佳版本，分別輯入兩個系列：

一、心一堂術數古籍珍本叢刊
二、心一堂術數古籍整理叢刊

前者以最新數碼（數位）技術清理、修復珍本原本的版面，更正明顯的錯訛，部分善本更以原色彩色精印，務求更勝原本。并以每百多種珍本、一百二十冊為一輯，分輯出版，以饗讀者。

後者延請、稿約有關專家、學者，以善本、珍本等作底本，參以其他版本，古籍進行審定、校勘、注釋，務求打造一最善版本，方便現代人閱讀、理解、研究等之用。

限於編校小組的水平，版本選擇及考證、文字修正、提要內容等方面，恐有疏漏及舛誤之處，懇請方家不吝指正。

心一堂術數古籍　珍本　叢刊編校小組

二零零九年七月序
二零一四年九月第三次修訂

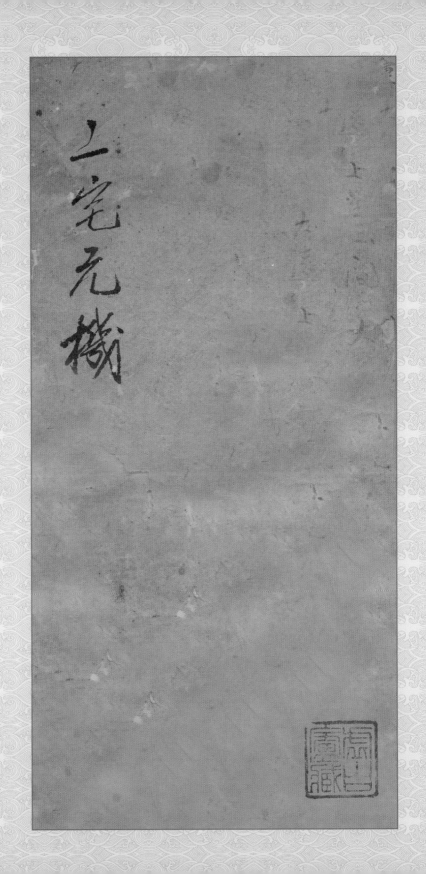

二宅元機

六運癸丁燕子午

二宅元機

維我先大父仲山公定陰陽二宅錄鬆隱見微显毫釐千里名之曰元

机宜哉故學葦欲得之尚已而未之或与此非祕之是編乃下元元作用

然下元尚巳六八九之畢又豈上中元所可同之是此於天玉青囊之而以

芒芒乎未有�么之従欲藉是扵以附身搖鈔樹調之滂耀扵人始某氏之

祕必是刻舟求劍揌圖憲驤不致候人自候自候之人以未之有之然則是編

之竟謂之芒用可乎非之先大父蘊悟絕倫解嗜扵學潛心體究二十年始

入其室遂編徵古今名家墓宅反覆參稽之間寒暑此又卒年此乃三十

年功用所繫苟有其人扵辨正諸古洞澈本源再以是編如方囿之規矩舉一反

三則三元一以覽之我大父三十年法古澄之之功用何嘗取懷而与之哉然而歉

以洞澈辨正談書本元此難言之大父當日五十年三吳兩浙恨不以一知已誠哉

殆可謂間壺一出比哉

元机賦

九屬心經發熱痴狂嘔血一水歸腎部遺精濁滯流火兌

師候消金喘嗽靈勞瘵怯三震肝傷伐木痤驚空攝神

香火尅兌宮牙釘乍發土五侵三伍腳氣難療九离從一坎

去瘀火無疑大過三来形癃有隼

土主癰瘡毒浮腫鰱緺為四是翁總倫戕爛流（胎）作賊同

鄰黃集旋受減頂之禍丙九寢侵巨臻不絕墮始之患

疰疬畏虞顯然壞於九离宮脾土胃隔審定是尅在（艮）土

小兒疳積以損命艮上有尤少婦乾血而亡身

中之奠壙達生故也蓋因不當尅而尅也當淺而不

淺當生而不生以致諸端受累金水一宜生八艮土宜扶三震

木宜淺二坤土宜化土黃亦宜化土化男主黃五

相均自歸中和矣一承若或淺或尅則水酒男主遺精

女主血滯流崩九火過橅木生吹則火逸吐血風狂土黃五

不制必生黃病後成瘋祖艮手震足癸足丁心八釱

推詳十干類取神而明之存乎其人

大哉居乎成敗所係微兮墓也興廢攸關氣口司一

神機篇

宅之樞龍穴憑三吉之輔陰陽分四路善惡只判兩

途數列五行體用思讐疊全星分九曜吉凶臨各都

彰宅元不可搶傷星辰再年健旺值難不窮蓋因難

歸間地途恩不燅祇綠恩蒸警宮一貴當權諸凶成

服眾凶乾主獨立難支二五交加扯主三凶疊臨而

刦盜疹瘡漏管蛇被豬欺口眼歪斜雞受羊觸無辜

罹神官刑受困於震猴鼈疾在嫡蠱脹遭毒夫坤土

九五成局回祿難逃一四同科名頭鼈離火異熖間

喉啞瘵翼水難親經瘋肆虐全在疇中討論要識病

鄭延年乾兌毗居施村猶諸同列兌坤隔位作惡等

於偕行類必千變悟言無窮盡一水冷鎗寒坎癸之水

不滋夫乾兑金澤山為咸少男之情悅少女若艮配

乎震鱨夫定有發生之机括火炎土燥離丁何益艮

坤地天為泰老陰之土生老陽若坤配乎兑庶妾難

振寡出乎歡心乾兑托假鄰之誼艮坤通偶乐之情

双水成林雷風朝必中交必配水火方交水必火神

元來水必水爲源巽阴就離風散而火易熄震陽

生火雷奮而火光尤明巽与離必交坎芝震而暫合坎

必生氣必巽水而輔冠嬰欢乾屬无神同兑金丙傍

城借主風行地上願芝傷肝火燒澤天当遭賤婦艮

非耳也筋傷胲股析兌不利乎血唇亡齒寒辰与丞

合叠兌金而衬起愴悴丙臨庚辛加九紫而衬起蕭

墻八在震離乂中攀龍有慶九過坤艮乂間附龍可

占二黑入坤逢八白而自招財產九紫臨坎會三碧

而衝弓盈斯火炎中天必當吐嘔風以坰申定歡生

麻乾繫兌金買呂曾遭乎貴賤離生坤土莊子難免

於鼓盆廟宇扁紅過蕬廉貞方冝傍瘟火樓臺聲哭

逗遇破軍乂位務搶人丁破彌繫在房門常憂壽亭

死尸文武流小坑厠難生秀士文人狂宮孤乞遷不

始硤煞毫重逢靜亦勸雪三九至分科發跡六八生

十干類取爰揣河洛之奧秘八卦堆詳巧由心悟訣

昌而遠災三杀輪方为太阳以解厄頹淺天地之元

声旋見失本啓嗟午酉竟園於商旅四六会局敬文

官酉焉孕婦而亡命幷有守寳濤供巳辛遺奧於家

相刑招婿入舍巳辛既犯異地尅軍邨也例論而経

聯芳幼奔風濤已接玄位異遭盜賊邨敀寅宮午酉

濱辨吉凶戶內占文魁登雲足賀翼方始芳舘甲第

廣臨又係度量深淺內惹日光亦認生尅外察鄰照

新臻健脾強胃諸星陽宅高低亦闗氣運衰旺明堂

文錦還鄉穢濁有臨俠居駿物客性等耀饕殄哑象

貴師傳即此類推廣無窮竭

時

先緒二十九年歲次癸卯孟春下浣錫山蓮溪悟極山人抄

三運 陽宅 癸丁子午

二 九 五 七 四 七
三 酉 三 運 七 二
八 二 九 一 五
九 一 四 六

細搜住宅五以是七赤七即兑為金為少

陰在上中二元正當春夏之令其氣斂伏主吉

自交下元甲戌旬正直秋氣猖狂之際再兼向首

所以星辰又是三碧三即震為木為青男又為坎兑之

于患是亦旺春夏衰秋冬与遇逢其衰時乃丁稀

之喿由也庚戌生命五三宮年建向首之震三又逢

兑金相尅是年丁口欠安預先可十与岾甲內戶制化

之法以避之第一承巽震水氣之方八白加臨之地八白即

良為少陽為生氣為下元之旺神又為成始成終元結氣

三与八本屬一宮為骸豚依得之此氣却合扶陽抑陰之妙

用白鈸催祿催丁於指日及住宅八白之生氣佈

在巽宮能的上房門移於左此一間房門移逮一架

門跡便達巽方庚揚八白之生氣於乾坤兩造庚

戍命宮俱妙合吉現在房門在正床之作方是星

辰楼汨巳土葵水水土相剋主有水土不和脾濕胃寒

脇痛水亏肝氣等證

此是文運斷語讀此切莫候會

八運庚甲兼甲寅

細推甲申年十二月

初二庚申申時

六運甲庚兼卯酉

元空五以向以八白与交甲申正当其旺与水自坎来却

進一白以合直達補救黃貪黃輔之妙用經云下手

先知直達机補救的便宜又曰不直達則取勝与亮鋒

不補救善收之亮良策此是也又謂陽山陽向水流陽以此

也體用兼收丁財秀麗自能承遠不替也

元空五以向以一白坐山以六白一以上元之旺気用於中

元主運已屬退気反為中元之旺運当用空水双用空水

均上山下水此是之山上下水至丁稀水里上山玉財薄以

乾亥方有村庄或高坡其方三叉反吟重見疾苦應不清

心一堂術數古籍珍本叢刊　堪輿類　無常派玄空珍秘

女命不能祥
當作卯山酉
向似与
此斷相近之

二六二一五
三×八七
三四一八四
八九一八二
五四九

大運酉卯薰庚甲陽宅

七二×四
三八七
九二十三
一六八二九八
五○九

五九十十五
五九十
九五

之類亦主退財即中央水裡排未却是少陽五極此謂
伏吟主年死當家並主添丁遲之双山双向吉不勝函胡從
此斷乾上有水便佳

元空五以向對二黑二即坤土至上中二元為天医之文甲
戌丙子乾之巳退即坤為符自丙子午之乩為進年月二五
八神向似多疾病内户宜承乾兌哎之方位与向上坤土相
生正房現承巽門巽卧是方震木而臨又逢兌金相剋定多
肝疾

七運子午兼壬丙 陽宅

九四　九二
二六　七三　九
　　　五八

又子午兼壬丙 陽宅

大門當運之氣口向首一星均失運係全家之禍福上房小闥
運氣如失閉一房之氣與上房之內氣須与大門上來之星辰位
伍相生比和故最吉此宅奨查坎宮之兌七重疊異有高樓
火燥恐有下人橫死之患与移灶位於壬方火門向坤兼二
七本屬一家未有屬兌金化氣少陽又是少陰之正配伏其陽
丙陰自退尅其化氣真氣自平此即不生我而生我家人不尅
我而尅我同類
兌空五以向泊夭白夭即花金鬚官貴又均坎宅之生氣宅向
最吉向首既吉內戶宜承離坤巽三方門跡必更吉大所前宜走坤路
取八白良土以扶向首方合從外人入之妙灶伍現在丑良方是方

四九三

九

二八七三

五一

庚辰揆

合葬於嘉□丁巳年廣□老妓

七運己亥薰巽乾

戊巳土氣臨火生頭土至某謀不成宜移西边一间火□宜向西

南方是方八白左輔光臨八即艮為少陽為成始成終之吉氣又与

乾金相生又為倉廪五穀之庫天帝財帛之官火門向之催祿催官

最妙此真妙宜即可謂實即補其為宜則潟其子姁迎并旅尅化坐山

反吟伏吟水裡上山之變逆然化函妙吉

元坚五以水裡排龍向闪九九妙离之妙火左右兩爻即是丁乖屬

火山上排龍又必七赤剝向又即兑為金山上水裡火金相剝於向

向对之零即水聚会之吩火金相剝則財退可知也且火必下元之

首領又必当令之旺气宜扶不宜尅剝金燥火相尅於向上又在水

聚之呔戌退財之更可连可知也火赤即兑為少陰為毁折又為肺

四九二

二 九 四
二 七 三
六 五 七

七運亥巳兼壬丙

九四
四七 九六 二
三 二八 四
五 三八

來水

气兒金受尅即是沙陰受尅主有肺疾血症噎山又後著破軍金尅
所謂水裡上山巳屬不合山上又佈著戌巳頑土以扶之正所以
勤剝始雪也也未年太歲在巳八白入中九紫到向火上加油諸事
小心寅巳亥三月又宜加意

大元空五行水裡排龍七赤到山所謂水裡上山此之所謂水來
龍五赤向又謂吏吟伏吟皆此也向首排著巳壬未水排著巽
木土与水都屬甲元之旺气巳巳退時用之豈龍始吉且用於三月
是月五黃到巽与向上巳疊疊相臨所謂堆黃孟造葬均忌年建
巳辰巳都山神又壬巳當用於秋冬凶气稍退尚可求安今用於三

丑山未向

辰山戌向

七蓮乾巽兼亥巳
坤龍入首離方高峰水神自西
東開汶停當用于癸酉年十二月
初八巳時

丁財是敏穩是也

月近机相湊其効五見即下年癸未七赤又到墅山丁口久敗即未
年九紫到山亦不其順柰若用丑未辰戌諸向則山高水郤㱕我用
元空丑以水裡上山月建又逢先之到山此謂伏吟山上揵九大凶
破軍到向即謂上山下水用法顛倒必堂墅水坊尚可求坐有羞
時朝坐塋可知败黃墮塋山成上有低田低坑年遠空曠六敏獲福
忽思高坡高田土堆高墩村左屋宇於墅山主塋故即有口舌官符
喉痛不舒之患即為子午丑二年墅山三七相冲三即震煞未之即
先㕥金水相剋血俗及吟坎是之其年室家官非口舌并多憂疾
即癸未年裡文赤到山女丁小口亦多不利乙亥年晴遑臨山㣲

七運辛乙兼戌辰十三分金

事小心丁卯戌巳六月似有丁口犬傷之源急宜更改山向自荐利

始禍或于未年秋冬壩吉卻宜墩峰玄重堆卻合修尼之妙好之羹

役十年內丁財兩退皆出山向又水神用法不合其宜耳是切須防

乾兌為三方又水玄未進流年紫白三七二九兩山向是年定多劃

劏削

元空五行山上水裡均反又赤禾謂陽山陽向水流陽以是見退主

財源大退叩嫌正北方未水排向尺以九動于五弓向首兌金相剝

兌為為令之氣被柔水相尅主血症久為小口犬傷之頹主犬之東

北安田形寬廣排心巨門坤土亦主久疾腹痛等症女丁犬傷之

類山上向三七相反金水相尅主添丁遲下財源亦不能久緊都

由火金相剋之故初用在戌申辰年歲君在辰卿用山向都朝太
歲其亦村咎之端合癸壬甲戌年正月是年戌都至辰丑向又冲都
天正又壬戌都蓋令之候尤必宜犯交戌巳流年是年与紫白向皆來
水相剋定壬火旺即巳卯年二月戌都又臨向首土氣重以當發水亏
之症即今歲紫白莫震風木之氣加於丙丁火燗巳之方火旺金衰
亦主肺疾血症之類束年壬午太歲在離冲動束水風火之氣亦
是不連妥究其亦由當用五向不旧法之故也

連頁改向附圖并說

改向辛巳年戌辰薰辛乙分

二宅雖以向首一星為禍福之柄然必察來水之源
所得星辰可否而定吉凶也原向來水尅向是有此
應今改戌辰薰辛乙三分向首得一六金水吉曜
來水之處得一四水木秉順之氣與向上星辰又得
相生相合所謂合則和柔則委即此之謂也又所謂
當元直達先時補救即此法耳

八運庚申薰酉卯

道光四年改

元空五行向得八白八即艮為左輔為官貴又
為下元當旺之氣宅向得之最吉更與山向三八相
見四九為友此卽經所謂陰陽相見者此也陰陽相
見最利讀書并主悠久門戶承震坎艮巽四方切
忌離坤乾三方

七運庚申兼申寅

元空大卦山上水裡顛倒悞用上山下水衰丁

財薄之山向也自用後十年甚屬不利惟丙寅

到乙亥此十年尚可稍吉然丁丑巳卯數年

亦不甚妥所謂吉地凶葵者是也

六運辛乙黄酉卯丙辰年
用黄向同

辛画龍入首坎方東水坤為亦有水東會於穴前
一直消出亳無曲動情形而前見塔却在乙方
局寬水甚氣力微弱即有泡墩都由人力所成
上山下水用法顛倒坎上東水即得微嫩太旱并
與乾兌旺神相剋丁稀財少午由乎此交甲子
運一白臨山自能丁多財旺可速讀書有成

七運庚山甲向薰酉

卯十七年壬季秋用

元空五行向上挑未七赤到山此謂之本山三上挑

未七赤到向此謂之本向又謂之伏吟經云本山

未龍立本向反吟伏吟禍難當即此之謂也宜

移石迚丈許前二三尺仍用庚申薰申寅三分

丙辰年安葬時宜用甲向慎用乙向未山去水

都失壬申年葬時當乙向慎用甲向兩三

相錯故有此應

道光甲申八運改葬

庚申兼申寅
自斷

元空五行向得八白八即為左輔為官貴
又為中下二元之旺神向上得之最吉最利
更能始終悠久又為父土相生山山上挨
未震木臨山三八相見四九為反經云
陰陽相配者此也未水去口坎坤巽三
方星辰得利定卜丁財兩旺且能讀書
有成

是圖細究諸歟可得

七運辛乙薰戌辰兼用 張宅

此局之山上向首尚可求安可惜坐

下無氣又不能就局水又直流乃丁

稀財薄壤也更薰三乂相尅於坐山

丁少可

　卜矣 連下貴改向薰看

八運改向乾巽兼亥巳
甲申年用

改向移上辛酉龍水從坤未過離巽消

出乙方去口為下河關攔收小水不

見直出之形經云來山去水盡合情

又云體用一元天地氣陰陽合得九

星靈即此之謂也

壬癸龍首原向穴近界边與氣不接

向水直流未狹去潤穴之右边特低

数尺接着泡墩後靠前对泡墩

七運陽宅子午薰癸丁甲戌宅

元空五行向得六白六即乾屬金三以
土為生氣以水為子息木為死氣火為
魁我之神亦忌上房內戶宜走巽方門
路是方一白水氣所臨次走坤申方是
方少陽艮土所臨此三方門路都有益
向首上房門路現在正床之乾兌二方
此兩方星辰均屬不利宜改坤巽方為
妙向上兌得乾金灶位須培艮土方合

安　床　吉　課

　　癸未
　　庚申
　壬辰
乙巳貴人

配合生○之妙灶位火門宜向艮方

為合火門現向甲方是方佈着九紫

丙火○上加火微嫌太過并薰剋向

之乾金宜改巽向俱合

甲乙四本辰

庚子二土申

擇於七月二十六壬申日巳時安葬床

七運憲署子午兼壬丙三分

大元空五行向得六八合成五天大畜

有喜有慶之卦頭門又在巽方是方体

得一四水木生成之氣與向首兩星適

合三陽所謂三陽開泰此也富貴無休即此

向也向門既吉必須局勢寬平使有蓄聚情形

乃為更吉今據小教場實為憲署之外堂現有

磚石民房以及神廟城樓但塞坐山是方体

得兌七伏吟於此在上中二元陽氣方升之

章仲山家傳《二宅玄機》附《臨穴指南》節錄本（虛白廬藏本）

三一

除猶可令在下元必遇流年星辰殺氣沖犯尚

有羡中不足之件今交下元尢七陰氣當令是

即坎方尤宜低空見水為妙　今有高樓神

廟阻塞於堂後更神廟城樓暗射此方私

象之盛旺力之之大都由此今用以兼

制剛之法於壬癸二方開井兩口以洩陰

銳剛燥之氣制化得宜自能柔順永遠官商

富足則財恆足矣

六運陳氏吉壤壬丙兼子午　元空五行向得剛金山得六白

山上龍神又得戊巳到向金土生

生最為吉利獅山橫山均屬有情

向穴星神又佈得魁星文曲體用

都合最利讀書

专篇斷語必定用於山地坐山

必須高峰方為合局平洋反忌

讀书自慚莫被瞞过

運戊辰薰乾巽

霍宅癸未用

此地登穴須見巽震坎三方有水為
妙又必須乾兑龍入首山水都合自
能丁財並茂平安悠久忌見民離二
水離方現有高屋定主多疾

八運酉卯陽宅

元空五行水裡上山用法已失向首
既失內戶宜承乾兌離三方門路為
妙艮方平氣出入亦合切忌坎坤震
巽四方門路有則改之尚可安

六運庚申薰酉邜內戶生丙
　　　　　　　薰子午
此宅大有可觀奧妙非常

元空五行向对八白八即為艮土又為成始
戌終之吉氣向首兊吉內戶宜承坎坤震
三方門路為合現離方出入是方戌巳頭
土所臨土上加土微孃太過似有中滿水
虧之微痒內戶兊得重土上房門
路宜接乾兊金氣所臨之池洩之
為吉乾金佈於坎方兊金飛于坤位上房果然
接此二方門路自能招喜慶于目前切忌
乾兊巽離　　　　　接观後

六運內戶壬丙兼子
午

四方有門有路有則改之宜移于吉

氣所臨之地為佳賑房自是銀錢出入

之所承接之氣亦宜坎坤二方為要

經云從升生名入為進者此也現承

辛酉方門路是方震三木氣所臨與

向上相剋宜進承得坎癸方門路為

吉

灶門約在火門須向乙方
火生艮土最利丁是宅
吳德翁所佳

七運乾山巽向　吳德翁坟在薛星山

元空五行水裡上山主財氣平三所謂

本山本向者此也向對戌巳土戌巳為

中元之旺氣今交兌令土氣巳退亦主

財源不足幸喜土高氣厚有龍有氣再

黃午丁方池水用得合宜初年可冀平

安東水紫白八方伏吟是破財之患吉

壞候交甲申年季秋擇吉將金墩加

大且高如做坟一般或將金門檻放寬數寸

或移前均可

六運壬丙兼子午

向首一星佈得戊土来水澍兌金之
土雖則相生実則生出定主財源不
旺去水雖有離九綆云紫白並為吉
曜然微嬱太早湏父甲申年方能轉
機

七運壬丙煎子午宅己卯年十二月十七進宅

貝亦香陽

三山　向

七　三

二　八

元空五行向得兑七重三所謂伏吟者是
也兑乃西方陰銳之氣性為珍虎又為
為剛燥又為肅殺之氣又為白虎又為
拆毀諸般形色性情均非宅向所宜第
一大門急宜改向子午煎壬丙三三分最
為妥當武將宅內門戶門路宜走乾坎
艮三方亦吉向上既得兑七伏吟內戶
制化之法宜洩金壯水為盡善次臨官

貴陽氣所臨之地六能平妥切忌震

巽木氣之方凡有門路急宜改移吉

處為上原向所孃陰露陽藏再蕉方

門內戶都走巽方巽乃震三木氣所

臨之地主為向而尅者是也木受金

尅主多肝疾口疾主卜人口欠安并

防失財為要老房門現在正床之丁

方門外來路由坤而轉庚進房門與

路火金相尅主財薄心芒肺疾等症

新房做於右迹一間房門靠東朝北

安床宜朝東移于南第二三架承走

艮氣正合少陽來路房門都在少陽
方上此即
㑚路房門陰陽和合萬物生之一法

居之自安且多吉慶

七運原向壬丙燕子年

自政後凡有門路行動宜走東南方
正南及西北正北四方上房內戶門
路均利惟忌東甲卯乙方門路行動
也吉宅東路甚少即內宅外惟灶下
便門都在內宅門之甲卯乙方宜將
此門移前一架便合可做曲折不見
此便門更吉

吃麵

問事動不動吹六字加坎六即乾為水似
動不動其權在官長日逢己亥時值戊辰
其機已動癸卯日定有音信麵字加
於巽宮似有兵役書吏阻滯之象須
防小財到丙午日時見頭角或因此
而下人口阻滯六未可定如果成就
准行將来理直力省且便而簡非但
有益於己而且有益於人也

八運丙壬兼巳亥宅陽

元空五行向得八白八即艮為成於成終之吉氣

宅向得之最吉最利向上既吉內戶宜承甲乙壬

癸所謂金也美次即艮路亦合生三之妙切忌

兌門兌路及坤未有則改移為妥

上房現在正床之寅方門外未路由庚方進房

庚上是坤二病符所臨之居恐有中滿水厖

之症宜移吉氣處為佳灶位現在一宅三乾

方火門現向巽辰　亦屬宜改向壬方艮方恰合

　　　　　　　　催祿催生之妙

六運子午兼壬丙宅陽
萬三分

元空五行向得六白且重六即乾為金為玉又為坎宅

之生路更吉上房門現在正床之午丁方門外

來路均由震方而柬直而且長是方所得星辰又

是震木坤二久居恐有肺疾宜移北丈許須

在上房門路艮方為妙灶位現在統宅之艮方

挨得兌七叠臨兌屬為金少陰為肺為口灶

位在此主肺經血症之類宜移于此方為合

火門宜向庚辛

艮方作灶為火象是方

星辰挨得兌即為火剋金

故不士昌耳

七運佳城壬丙兼子午三分

元空五行向對兑董三是為伏吟巽方小屋所

得星辰與向首三七相反兑上獅山挨着火金相

剋所謂火照澤天即此是也火剋兑金主少陰欠

安且多血症經云隔向一神亦即此也丁酉年火

爛更要小心即添丁口總陰多陽少都由九七

陰數之所致耳須修龍法以補之且將金墩

加高四面多種樹木以遮之尚可安而久

吉矣

七運酉卯兼庚甲

元空行向對兌七，左街道恰在大門之
之坎上是方体着九紫火曜正剋向上
之兌金兌為少陰為羊為雞又為皮毛
肺經之疾門路又得九七主好飲并主
肺氣不舒之慈現在女病須過十五癸
卯之日癸卯之干支恰於兌七相冲故也

七運辛乙兼戌辰

元空五行坐山兼輔向首兼貪最妥
最穩最加未水約在離宮都合旺氣
并兼相生丙午特朝又得補救合宜
體用兼儲生旺全收斯為上吉之局
讀者之兼字玉玉讀坊務宜細心
參究

六運甲庚兼卯酉

元空五行向得六白六即乾三為訟卦
之首又為下元之生氣山上排龍又得
二黑到向二即坤土二生乾金恰合天
地生二之妙坐山一向又得金氣到山
此即乾山乾向之讀也一與六合又得
天地生成之數丁財人秀三此全盤真
吉壤也

七運午子兼丁癸分三

此穴六情真的神氣滿是兩砂環抱層

層開面相向壬癸略見湖光此謂照神

亦屬不即不離諸般都是穴情之真佐證

立午山子向加丁癸三分元空五行向

得重七，屬金為下元之旺氣挨於水

裡金得水則生主多丁財水自辛酉方

末是方体得一白一即魁并与向上之

党金相生又為薰貪却合補救之妙主

讀書悠久殆爻甲辰運定發科名微嬈
未山未水均屬出卦又得水火交離所
應驗運耳如用丙壬熏午子更合

七運乾巽兼亥巳
陽宅

元空五行向對戌土三為中元之旺
氣交下元即為衰退之氣又兼正屋
子午兼癸丁之坎宅上見土當避恰
在向上難子趨避之所此其一也即挨得
旺金巳屬不合又見離宅相剋于山此其二也
兌金巳屬不合又見離宅相剋于山此其二也
向首既對頑土內戶宜承乾兌金氣以洩之方
合從外生入之妙吉宅乾陽內伏兌陰受
剋于山洩之一法亦無所用此其三也祇可

用疏土之法以制之今將大厝前正庫門擇
吉開上以與巽方大門天井稍遠之巳土
雖頑其惡自輊且巽巳方在第二重庫門
看來又移在巳丙之間此方震三木氣所臨
又得一白水以生之木旺土氣自衰此二疏避之
一法也此宅丁外年戌巳頑土到向進宅後每遇
五黃二黑到向流年自有欠利之事

七運壬丙兼亥巳

元空五行向對兌七且重火：即兌
為下元之旺神用得其時最吉所謂
得氣先施力自遠再兼一六水氣坐穴後山
與向金水相生最悠久之出向也山未龍形勢活
動揆得一白文秀之星主讀書易成性情和
平即艮丙乾坎之水用法都合并補救直達
之妙経云不直達則取勝無先鋒不補救
則善後無良策此山向都合其法耳着眼

運子午兼癸丁

立極星辰二黑坤其色黑其形方又名死氣　靈樞

傳出合吉氣逢四祿九紫震三木氣則此年月票恐了

元空五行向得六白又加之以八白金土生、暗合山天大

畜之卦有吉有慶之向也山上水裡三陽均排到向所

謂三陽水向富貴無休恰合此用法微嫌坐山兌七

伏吟暗与震三木氣相剋至甲戌旬多口舌并有使

女下人口舌更看吉宅之最忌者三义路与屋角登天

首看束諸般多在甲卯乙亥是方佈着九紫火數

又与巽四木同佈此方風行火動有碍向上之乾金小

心火燭与官事為飾要內戶制化之法第一以壯水為

妙水旺火氣自洩此一定之理也第二以扶陽抑陰泄

風火為先恰合治風先治血治火先治風之意

即內戶門路尼有行動之處均須走東南巽方

此方吉宅之氣佈於此也即壯伍火門六宜東南方

為妙此即壯水之法耳再於東首明堂內靠南第一進之

後第二進三前約在統宅之巽方開井見水此六制化

七運庚申薰酉卯の兮

回堂壬丙子午

之一法也

元空五行向對震三即歲星主多人福多壽

微孋今當兌令木氣已退主足疾肝氣之

類內戶須承一白水所臨之地方得生之妙

吉宅水氣佈於坎宮實難承接即未耳棠句

方伏吟加臨似有欠妥之件

七運甲庚蕭寅甲

元空五行排得二黑到向兌七到山二黑即坤在上中二
元為天醫福德交下元即為二病符死氣故向對此主
多腹疾并主女丁欠安多病久則恐防水厄等疾
坐山兌爻得震三木氣相冲是方頂低平忌見高田
故墩及村落如有此等主喉痛血疾口呼微恙并多
陰人口舌登穴須見乾坤巽震四方有水為
妙兌七本應排入水裡今及用於山上主財不旺丁六
不足須見坤水或坤方低田平空丁財尚有可望耳

七運慈雲巷山門酉卯

蕭庚甲

元空五行向對兌七二為金為澤為少

陰為秋為義為折毀山上排未又得九紫

火數到向火金相剋主多肝疾肺疾幸喜

大殿向南方之按着一六天生地成之數

一即坎為水為休為玄武恰与向上所星

辰金水相洩恰合以陽制化之妙且

合天得一以清地得一以宣仙佛得之

則能靈仙佛靈廟宇自然安妥

八運亥巳兼乾巽

獅山來龍屈曲 活動有起有伏恰到

近穴特起石峰轉辛入首再起土墩

開面巽木草色澤都有神氣土色精

神亦多光彩即近穴田塍塊塊有情

向穴田源去水處之均歸穴前種種

皆穴情之證據也即觀其動情察其

照應按其形勢看其穴情似乎得穴

之處在乎主穴之左略上數尺另做

羅城當立亥巳兼乾巽分金正對山

上塔頂穴前朝案舒轉即近穴墩泡

乃左橫山皆為我用矣再兼得時得

令定卜爰永久福澤之吉壤也三卦

恰合艮山艮向艮峰之吉局

六運乙辛蕉卯酉
倉前張氏其地樓門

元空五行向對玄武之卯坎一為休
為貪為魁為水山上排龍六白乾金
到向恰合天地生成之妙向上得此
讀書最利并主安妥悠久惟子水直
長有權有力恰有有真情向穴所嫌挨
着星辰是中元首運之旺神今交甲
申運衰退巳極再蕉九紫火耀相池
恐有瘋顛疾病之症再蕉水裡龍神

挨到坐山：後見水為妙現有舊坟

土堆屋角阻塞於山後山管人丁用

法欠妥主丁稀即辰方尾角挨着兄

六亦主丁不甚旺辛喜巽方水光照

天丁財妥足之吉壤也

七運壬丙兼子午

元空五行山上水裡此謂本山本向
者如穴後丈許見水為妙否則主肺
肝之疾久處恐防人丁稀一耳
　沖殘子息宮故也

幼稚此等山向尚可無奈不知因何
丙昌亦斷語未識形勢若何耳必乾
民二方旦旭決不坏也

八運癸丁兼子午　氏葬

元空五行向对重令即民為少陽主吉

惟癸方別家新抖坟墓門都在子癸

之间遮攔未水阻塞後山高而且迫

是又佈得九七剛金燥火到彼年建

丁亥辛外是有女丁欠安之事即小

向口不甚妥并下人使女花柳之塲

都要用心隄防其餘坤離兑坎诎仍

均合惟巳方去口用法久妥後山有磚且

屬火金相剋之氣制化之法第一以
牡水為妙吉壞之一白水氣佈在方先
穴傍之曲水鑹在庚上微嫩大狄忽
開潤為佳此乃制化之妙最者此其
次開寬兒水亦合再次多用紙綻燒
化于後山亦骷稍解必須擇丙丁吉
日更妙

八運子午兼壬丙三分

大門為一宅之氣口坐山朝向為迎人引氣之主宰

原向壬丙加子午分金向首一星似乎不合故用特撰

星移之法將大門移向子午加壬丙三分向首即得八

白恰逢戌胎戌終之吉氣艮為少陽又為慈善

其色紅紫其氣平和其運正值旺令宅向得之

自紙安平悠久催丁催祿於擇日也大所前直

走離坤巽三方門路最為吉利所後上房內

路宜走坤兌離三方恰合從生入之妙

六運癸丁蕪丑未陽宅

元空五行向对重六～即乾為金又
坎宅之生氣宅向得之最吉向上挨
吉内户宜承離兌艮三方門路為尽
善在大門外大所前宜走巽路取坤
土以扶向首大所後及上房内户須
承兌離艮三方門路方得陽土生陽
金之妙

八運癸丁兼丑未

元空丑行向得少陽重二少陽即艮

艮為山為止本為成始成終之吉氣

性情平和形色明亮并為下元中元

之主令宅向得之最悠久且利官貴

內戶宜承離兌坤艮四方最吉即乾

六合

八運子午兼壬丙三分

艮龍入首乾兌未水兌方稍潤特見水光有
機有力有聲宅前未坤未水到巽橫河深
坑兌少止蓋圓聚三情宜乎巽震方添
壩一道是有止蓋之實狀再將小溝開
通使水向宅旋轉抱繞之處屈曲仍歸巽
方消出流入大河如是則未源暢遠去口
曲折方為久遠之基矣宅外宜見坤兌
離艮諸水宅內宜走坤兌坎艮方門路為最

四運乙山辛向

元空五行上山下水用法顛倒丁衰
財薄之山向也末水三七相反水財
祿財退可知矣且於兑七其情惨
淡其氣肅殺正尅向上巽木三受金尅
主女人口舌顛倒之患并有辰庚血症之
類皆因立向之謬吉地画葬者此也更易甲
山庚向木三皆為我用矣即可轉禍而為
福也

五運子山午向

周氏陽宅坐北朝南為坎宅坎宅屬水以
金為生氣以木為子息火為難神向上現得
巳土三魁宅內原主丁少內戶制化之法意宜
摸金為要金旺生土自泄水自生矣如承艮寅門
路恰金從外生入也大門統宅之辰乙方上房
門向西都在正床之庚上出房門即向北走
三間兩轉西房門上所得星辰金木相魁
柴年白虎到庚自有添丁之慶添丁於未

歲月二建又逢大叔主添丁不育并兑先金受

赴於離宮定主肺疾血症之頹再薰佳肖

屬羊自有此應年建又是兑先金伏位小口

難留無疑矣再灶位在一宅之艮方是方

六白乾金所臨之地乾為坎宅之生氣又為

一宅之父兄灶位在此火赴乾金主長子壽

元不足長帶心盧頭痛血虧之症吉宅再

要者先將灶位移於別處或移于巽震二方為

最吉次將上房門移于艮震二方為大吉果能
移於艮上定丁盛財足再或將大門移於午丁二
方另換分金亦吉

臨穴指南序　　章仲山謹

古云地理二道看書不如覆坟多又云得法歸来好看書坟墓

頭為體理氣為用然歷来談地理者巒頭有証竟作開場大音

理氣無傳及笑愚惑之説人所共信殊不知名雖葬地實係葵

天地隨天轉艮不誣也近有時師假揑三元之法某運某向鐵板

不易可發一笑要知元運元三各向可立蓋以砂水峰巒應五本

元何向方稱元空秘旨豈時師在夢説三元之法乎予既得其法

又精参舊地運會胸中是以登地觀局必探其何運所枡自符

於法草録斯本因名之曰臨穴指南未識可卜高明一笑否

一運癸山丁向宅常州張

坎氣坤水曲朝離向逶迤合聚巽方

折消艮出癸時有二子長行二次行四俱窮

迫癸後長生三子漸能讀書入泮補廩以

後連生癸者之曾孫書香不絕入泮頻三名

卹賣三財氣不缺亦不大旺次子身捩州

同之例生五子各援例次子出仕縣丞

并署篆癸時即為水客大發貲財豪氣

森三尼遇公事與府縣會同紳士共推為

倡蓋義重財輕故稱百萬其實分時只有四

十餘萬現今葬者曾孫出仕縣丞亦邀縣署

已後亦有富者亦有敗者雖然地已美矣

未能十全此局取得轉星城五吉也

一運亥巳山向 楊宅田龍

大龍身自坤方而未轉庚酉辛戌乾
亥壬子癸丑艮寅而丟此地之氣從
乾腰落向巽開窩作乾氣乾方湖水
巽震水紫山開面彎環自明迄今科
連綿富稱百萬丁財大旺

二運子山午向　石塘灣

庚酉辛大塘河水自坤離巽震復轉
辰巽消出其坎方直浜當背冲來龍
氣糢糊有似兌來有如離方過河而
來按問諸師皆不知主何龍脉但知
癸後本身發有五六十萬地之佳美
在一水得神閗地者可不細心耶

二運丑山未向

錢狀元祖故在錢茶山艮
龍

右左二山環抱坤峯高遠而秀美可

愛未申太湖光亮離方圓塘如鏡貼

近茶山係庚子生故發維城公狀元

其地十道坎邜午丁未坤皆消未艮

辛乾上皆峰乙未年癸二下發至五

運壞官敗財

碧運外山酉向郏宅^{無錫}

外上高山尖頂落脉縮細又聳尖頂

仍落脉生石鉗之前土墩緊靠墩築

左右山形一如圍椅土峰軟砂數層

以作内視乾峰遠出十餘里堂氣寬

大巽離坎皆聚内堂庚酉辛方龍游

河水十餘里長屈曲来朝故發忠倚

公狀元其地在離

三運子山午向

稽中堂祖墳在軍張山

乾亥來龍轉坎入首艮蕩坤水曲至離方大

開陽面消出巽酉辛戌低田紐肩結穴在

極低處可見手法之妙

三運午山子向

盧橋薛宅

離方高山出脉落平田結穴坎坤震巽乾

水葬後大發丁財此謂局所外山外向之

說也

三運辛山乙向

吳姓甲辰年葬庄趙家山

三運丙山壬向錢佰爛祖坟

甲夘乙大塘扦後乾隆乙夘年中舉人二人

丙辰進士丁巳進士辛未年又一人保舉經

學此亦一吉之局最長久

甲庚丙壬水亮平地開窗葵後出神童卓妙

塘辛巳年葵又四運庚山甲向辛戌来龍乾坎

坤巽震水消艮六運發科

四運甲山庚向 前州唐姓

巽方大龍身從乙卯甲寅艮丑而去寅甲方膈落

結穴左右小水環抱内堂壬水潴如鏡亮過亥

戌乾又開洋如鏡辛酉狹細庚申又亮如鏡坤

柔細不見水光未丁又亮如鏡仍從坤申轉

至庚酉辛方又大開如鏡再轉至未大河更大開

洋如鏡共計大小員亮水光六節貫串連珠若

是之地亦天功神巧財有三十餘萬長房五孫次

房二孫富既已得貴必將來

四運酉山外向 小紅橋施宅

屋後低田兌水遠來不見從乾坎至艮轉甲外
乙橫過巽巳方橋下消出宅中
有池大發丁財入泮一人寡居三四

四運庚山甲向 年用王武沂案

庚酉辛戌乾亥壬子癸丑艮寅甲外乙辰巽
巳圈亮水六運又附巽二穴四運扦後癸酉
科中舉人運捷共發三進士

四運壬山丙向 梅村殷姓口宅

巽屋坤水来離橫過至巽消丁卯年瘋疾

傷三丁心痛此局病在巽方可考矣

四運巳山亥向 壬金麻子癸秉 年用

丁未坤申庚一路水從乾轉至艮方屈曲消

出癸上大河見亮初扦不利交至乾隆三

十二年發財起至六運才秀均發

五運乙山辛向鄭運官祖坟　乾水長大来酉辛水坤消出傷屬猴人丁未

年六八中

四運酉山夘向鄭華官祖坟乾隆十八年用

坤方高山巽龍轉兌落脈坎低艮上池水甲夘横

逆至巽而消明堂寬平坎上尖峰近巽遠長房絶至

二十九年交五運發財起至五十六七年官訟退財於

四十二年合癸庚子生至庚申夘午入泮庚午午中興

五運乙山辛向 社山 陶沅祖坟在管

艮丑寅甲夘乙辰巽巳高山夘上半山微有鰊即俵

脉葵在半山巳丙空乾亥澗水從兑橫遏至

消出未坤

大湖三中有圓小山一座扦後大發丁財丁夘年發科

其住宅六運造癸出丁向坤離巽橫街巽上另有一

街住後多病乙丑年依原向重新翻造而安焉

五運丁山癸向

向

丁峰坤山庚酉山遠甲庚朶龍坎低田艮丙堂濱
癸外見亮丑艮寅外堂大水從甲外乙至辰巽消出
未上捫濱水從丙丁巳至巽辰合消丁丙屋遮午見
亮藝從大發丁財

六運又另癸辛山乙向

五十二年山地

坤兌乾高山坤氣庚酉澗水外乙水池艮墩貼近寅

高峰癸後大發丁財嘉慶十二年傷女丁十四

歷七十六年傷小丁十二至十六年犯欽部官司

未破家財其住宅造子山午向於六運中九間一廳

六進靠東第四進作米倉有旺神第五進作倉

無旺神

偶見一段五運乙山辛向

坤申来水庚酉辛横過至戌乾聚於亥

消丁財亦好于六運合葬即大不利所云不

知用法豈可妄為人扦葬古云我葬出公

卿你葬出賊囚良不誣也知此用者

斷不可為其合葬必欲強勸其另穴即

欲於此作坟必須改向另葬如必欲合葬務

必勸其將前葬之棺同新棺一併改向合葬

否則雖至交至戚断不可代其合葬也

五運庚山甲向

離氣外蕩庚酉平田葵後四子皆不生育至六運
即於是穴發開動棺重新分金後六七年四
俱育財亦美好此一吉之局可保長久前一局
出運即敗故地理元奧千變萬化全在活三潑三
精參其奧妙此乃口不能傳盡在心領神會且同
是一吉之局一速一遲似同天壤之別奠能劃一乜
此即所謂我葵出公卿也

五運酉山卯向

五運未山丑向

丙氣辰巽直水扦後爻六運甲中寅年
犯人命破財庚申辛酉運傷五子此為
一吉之局出局不能保也

亥壬子癸来水甲卯乙辰巽水来會合丑艮
寅方消出扦後大房生男難育二房有丁無
財三房尅妻

五運壬山丙向

巽上來水丙上亦見水坤上三汊消出壬方艮寅

水亦歸壬消出外上來龍斜後大二兩

絕四六兩房好

五運癸山丁向 造陽宅

巽上浜水從離橫過至庚酉方曲消巽上郎

孝牌坊靠東边一家亦五運造同向丁尉好

二子一女皆皆啞

一家靠東扦子山午向竅而出賊

一家靠西扦丁山癸向丁少財大好

一家扦午山子向出瘋疾一坟之吉

区各異而扦葬之穴亦不一吉区各

判所謂左挨右挨只在指掌三間又

云水迸花法發水中红也

二宅玄機 附青囊經

挨星奧訣　此訣合盤而算人人可知非也

甲癸申貪狼一路行一巽辰亥盡是武曲位六

艮丙辛位位是破軍七坤壬乙巨門從頭出二

午酉丑右弼九寅庚丁輔星八乾戌巳文曲四。

子未卯祿存三　後訣合前而算

未卯同坤壬乙．未卯巨門出二酉丑同艮丙辛

酉丑是破軍七乾戌巳巽辰亥並是武曲位六

子同甲癸申　与子貪狼行一庚午丁同寅星兇

此法親友家藏不可泄漏天機青囊總秘要訣真堪輿奧語

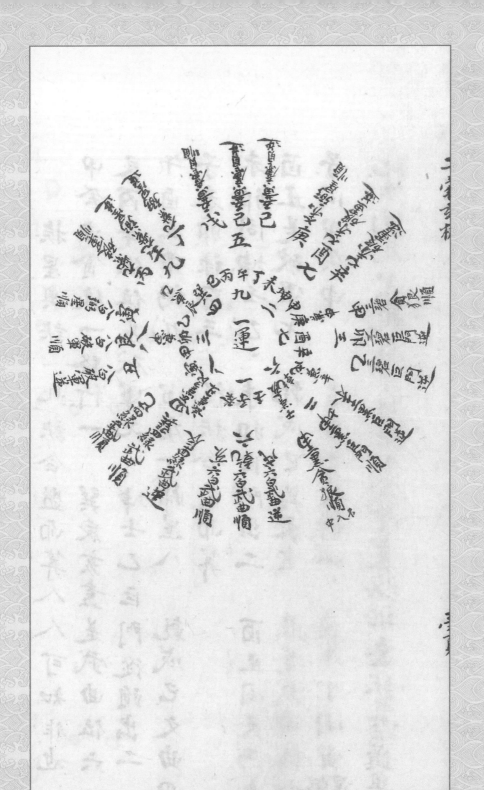

乾山巽向 亥山巳向同

壬山丙向 子山午向 癸山丁向同

丑山未向

艮山坤向 寅山申向同

甲山庚向

卯山酉向 乙山辛向同

辰山戌向

乾山巽向　亥山巳向　壬山丙向　子癸午丁　丑山未向

六　八
元　四九
三　七五
四二　九七

一三　八五　六七
八二　三六　四七
六九　七一　二五
一四　五八　九三
六九　七一　二五

艮寅坤申　甲山庚向　卯酉乙辛　辰山戌向

二五　七　二六
五七　六　三一
八五　七六　三一
一三　二二　六九

四七　三六　八公
九三　五一　四九
二五　六九　四九
四二　八一　四

乾山巽向（兼亥）　　壬山丙向　　　子山午向（兼癸）　丑山未向

八　六　三　　　二　一五　九六
二　　五　三　　　四九　七八　五一
八　六　四　二　　三　八七　四二
六　四　九　七　　五　三三　八七

三　二九　七六　　一五　九六　四二
六　一五　五一　　四九　七八　五一
九六　二四　七八　八七　三三　四二
八七　三三

艮山坤向（兼寅）　甲山庚向　　　卯山酉向（兼乾）　辰山戌向

五　一　二　　　三　八七　七三
一　四　九四　　一五　七三　二六
三　二　八三　　九六　二四　七九
二　九六　四八　二四　六二五　二四六
六　　　　　　　　六　一五　三五
　　　　　　　　三五　四六　八一

乾山巽向　　亥山巳向

壬山丙向　　子山午向

癸山丁向　　丑山未向

艮山坤向　　寅山申向

甲山庚向　卯山酉向　乙山辛向

辰山戌向

四三	九八	二六
五	五	七一
八九一	三九	六二

四三	一五	三五
五三	九四	七一
八九	五九	八二

四七	二五	六二
九三	七一	〇
八二	三六	六九
		五六一四

一四	三六	八三
五六	七一	四八
九	五	八三

三六	六二	八三
七二	一六	四八
	二	八三

三九	九二	一四
四八	五三	五九
八三	八九	四五九

一五	六一	二六
九四	三五	元
五九	八九	〇

乾山巽向　亥山巳向

五三	八	三
四二	六四	七五
九七	二九	三二

壬山丙向

三八	三	五
六三	八三	八九
二一	一九	七一

子山午向　癸山丁向

四一	九	二
三三	五七	七六
八五	一四	三八

丑山未向

二三	五	九三
四七	一九	二六
八二	四五	六一

艮山坤向　寅山申向

三八	四	三
六三	五九	七二
二一	一四	六一

甲山庚向

九四	五	四
四五	九	三五
六一	二六	七九

乙卯山辛酉向

二一	五	九
三七	二	二四
六九	八二	七九

辰山戌向

八一	六	四
三六	二	五九
七一	六五	三

乾山巽向　　壬山丙向　　子山午向　　丑山未向

亥山巳向

三五七　　九三一二
六六

三七五　　五二一六
二一

八四九三　　三四八四
四

頣山申向（艮山坤向）　　甲山庚向

乙卯山酉向（卯山酉向）　　辰山戌向

三六七二　　七二　　一五六一
八二　　二六三七　　五九

五八九三　　九四四八　　合三九四
四巳　　合三四八　　一二五七九三

一四二五　　五九六一五　　六六七二
九元　　六六七二

乾山巽向　壬丙山向　巽山乾向　丑山未向
亥山巳向

五三　一八　九七
三六　七五　四一
竺五　六二　三元
六元　四二　二六

　六　一四　二三
　七　三二　二三
　九　四六　三七
　四　二六　四一

　二　三四　五九
　五　九五　一五
　三　四六　六四
　七　四一　四一

艮山坤向　甲庚山向　卯山酉向　辰山戌向
寅山申向

四一　二六　七六
八六　三二　六
六四　四五　三
九五　七七　四

三二　六八　四九
三三　一四　四五
二七　五九　六一
七　四五　一三

三二　全二　九二
三三　三九　二四
四八　六七　六六
全　二五　一三

四八　六七
二六　七二
九七　二六
八三　五五

乾山巽　巳向

壬山丙向　癸山丁向　丑山未向

艮山坤向　甲山庚向
寅山坤向　卯山酉向　辰山戌向
巳向

三　五　八　六
七九　二五　三四

一六　五三　一四
六一　八四　三八
九二　七一　二九

八二　六一　五二
九三　七一　二五
四二　六一　六九

五　八二　九三
六一　九三　七一
四二　二五　六九

二四　三六　三八
九六　五七　二五　四六　九九
一四　九三　六八　三四　七九

六九　五七　二五
二五　六一　二五　六一　三五
一六　九三　五七　九五　一三

一四　九三　三四
四三　五七　三四　九七
六八　七一　二九

五三　三四　九七
六五　七一　五五
一三　九五　一三

乾山巽向　亥山巳向

壬山丙向

子山丁向

丑未山向

觀山坤向　巳向

甲山庚向

卯山酉向

乙山辛向

辰山戌向

四八　九九
　三六　三空
空三　一八

二元　空空
八三　三二
　八一

九九　二八
五四　五四
　九九

四五　三六
四五　八一
空三　二元

觀山坤向
甲山庚向
卯山酉向
乙山辛向
辰山戌向

空二　八元
八二　七二
　三六

四五　九九
九二　八一
　五四

空二　一八
八九　三六
八一　七二

空三　二元
五盍　空七二
一八　元

空二　一八
八五　三六
八一　七二

四五　八九
五四　四五
九九　八五四

二宅玄機

三、住宅癸山丁向兼子午分金

右細按住宅五行是北赤五極七即兌為

五五一六九秋為金為少陰在上中二元正當春夏

向三七八四山之令其氣斂伏主吉旦交下元甲戌旬

八七九六四二正值秋氣猖狂之際再兼向首所得星

巽左辰又是三碧三郎震為木為長男又為

坎宅之子息是亦旺於春夏衰於秋冬今適值其衰

時此乃丁稀之所由也庚戌生命命立三宮年建丙

戌向首之震三又逢兌七相尅是丁口欠安慎先可

卜今姑用內戶制法以避之第一承巽震木氣之方

八白加臨之地八白即艮為少陽為生氣為下之旺

神又成始成終之吉氣三與八牟屬一室苟能承得

此氣恰御合扶陽抑陰之妙自能催祿催丁於指日

矣住宅之八白生氣佈在巽宮能將上房移住右邊

一間房門移進一架門路使走巽方承接八白之氣

旅乾坤二兩造庚戌命宮俱為合吉現在房門在正

床之坤方是方星辰揆得戌巳土癸水水土相剋主

有水土不和脾濕胃寒腰痛水虧肝氣等症

移上房門吉日

是年干支乙與庚合卯與戌合天干乙三朋地

支亥卯未三合都是扶陽之法

九月二十六乙卯日未初安床正裝左右房門

甲申年　吉日

八。庚甲兼申寅三分用於甲申年十二月初二庚申日申時

元空五行向得八白今交甲申正當旺

令水自坎來佈著一白恰恰合補救直達

兼用之妙經云不直達則取勝無先鋒

來水不補救則箕後無良策者是也向上排

來九紫到向八白到申水裏排未向得

八白皆屬火生艮土此為艮山艮向即

經云所謂陽山陽向者此也體用兼得

丁財秀麗自能永久不替矣。

按令運庚甲兼甲寅
照星看來疑挨寫有
倒詶五則若准申寅
兼甲寅換者可九八
兼庚甲養准庚甲

山

二元
七三　六三
四四　五二

向

五九　一五一五
二六　六二一元
一四　九三五八

全甼三六
六九二五九七一
二五六二一六
一四全六
七九八五三四

八九三四啞三六
兊九二五四五六
也艮山者即八白到坤
水裏者即向首排未
丁財秀麗自能永久不替矣

一五四五三五釳
八三九六三五
日本准申寅兼庚申
之謂也

甲山庚向加卯酉　甲申年挨算

元空五行向對一白坐山得六白一為

舊墳　向大路　及於上元旺氣用於中元主運已屬退氣六

水

五
二元
一九
三二七三

乾為中元旺氣當用在水反用在山所上

山者此也水裏上山主丁稀財薄如乾

亥方有村庄或高地是方三乂反吟主

是疾音不清之類亦主財少即中央

三　　　四
樹林四九八四三三四
七六　　二
壑五夭五
五一
水山
枞有村落　遠有泡
似有村落

山上水裏排來都是少陽五極此為伏

吟主四年當家並主漆丁遲遲

雙山双向吉不勝凶故從此斷乾上有水便

六○酉山卯向加庚甲甲戌換

向對二黑二黑即坤在乾運為天醫交

乾
四
九
八
甲戌丙子乾令巳退即為病符自丙子

一五六二五九
之後年月紫白逢二五到向似多疾病

八三四
二七九四
三
内户宜承乾兌金氣方與向上之坤土

三六五
二六九二
相生正房現承巽門巽路是震木所臨

件光
又逢兌金相剋定多肝疾

七住宅子山午向無壬丙丁丑八宅

三八七
六四一三二

一六二
六三七七

五四九
四九五九

大門一宅之氣口向首一星得失關繫

全家之禍福上房門路承之得失關繫

一戶之吉凶上房之得氣須與大門上

所得星辰位位相生比和為妙此宅弊

火在坎方坎卦重疊并有高樓久居恐有

下人橫死之患故移灶於壬方火門向

坤無未二卦本一家未又屬兔化氣少

陽又是少陰之正配扶其陽其陰自退

剋其化氣真氣是平此即不生我而生我家人不剋

我而剋我同類之法

元空五行向得六白六即乾為金為官貴又坎宅之
生氣宅向得之再吉向首既吉內戶宜承離巽坤三
方最大聽前宜走坤路取八白艮土以扶向首方合
從外生八之妙灶位現在丑艮方是方戊己土氣所
臨火生頑土主求不成宜移儘西邊一間火門向西
南是方八白左輔所臨八白即艮土為少陽為官
貴為成船成終之吉氣又為乾金之生氣又為倉廩
五穀之庫天市財帛之宮火門向之催祿催官恰卻
合虛則補其毋之法并能剋化坐山反吟伏吟之弊

八二一
壹三两元
三分
八元

三五｜七
六八二｜九九　乾亥
一向

四九
三一六｜五季子

五
七四｜坐三

七。巳山亥向加巽乾合壁於嘉慶十六年庚辰撰　廣德老墳

大元空挨星五行水裏排龍向得九

紫即壽為火左右兩交即是丙

丁亦屬火山上排龍又排得七赤到

向七赤即兌為金山上水裏火金相

剝手向對之衝即是水之聚會之所

聚會之所相衝相剝財退可知英且

七赤為下元之首領又為當令之旺

氣宜扶不宜剋闕金燥火相剋於向上又在水之聚

所此退財之更可速知七即兌為少陰為折毀又為

肺氣冗金受剋即是少陰受剋壬有肺疾血症堂山
又排着破軍金金氣所謂水裏山上已屬不合山又佈
着戌己頑土以挟之所謂助尅為唇者是也來歲木
歲在巳八白八中九紫到向微嫌火氣太旺諸事小
心寅巳亥三月尤宜加意

七　亥山巳向　熟丙壬　己卯年三月辛亥日用廣德新墳

年尽運

一三四六九五九八
三五八八七七九
八三四兄兄坐三
一三坤八山二四
三炎二四五兄一
五七
四六九三

坐地

三三五
八六一
八九七五八

此地略高

三二一
六四八
二壹三

月白

六五七三
五二四
九九七
九一二

向

来源

来龍

水裏排龍乜　赤到向　山所謂水裏

上山者此也　所謂本山來龍五本

向所謂反吟伏吟者　皆即此也向

首排着戊己土　来水排着巽木土

與木均屬中元之旺氣　今己退時

用之焉能為吉　且用於三月是月

五黄到巽與向上之戊己土重疊

相臨所謂堆黄神煞造葬都忌年

建巳卯巳都山神又在巳宮用於

秋冬正氣稍退尚可求安今用三月近機相湊其效
立見矣下年癸未七赤又到坐山丁口欠安即未年
九紫到山亦不甚順若用丑未戌辰諸向則山向水
都為我用丁財是能穩足也

丑未向　　　　戌辰向更吉

七七　三三　　九二　兰五　　七九
　　三三

九五　四四　　二四　六八　　五三
　　一四

五九　六六
　　四

水池　未原　未龍

亾。乾山巽向燕巳亥三分神龍八首离方高峰水神自

西流東開池停蓄用於癸酉年十二月初八日巳時

來龍　撲星五行水裡撲未乙赤山上月白

三五　亾七兑　又逢兑七到山此為伏吟上山排龍

午峰一云　六六　二四　又逢破軍到水即為下水上山下水

　　　月白　用法顛倒後空坐水者尚可求福有

水向　五兑　罡　巽水特朝坐寔可見知穴雖坐寔後

　　　　　山或有低地低田平遠空壙亦能護

　　　福坊忌為田高地及土堆高墩材歷

　　　尾宇于坐山主墮後即有口舌碎唉

痛不錄之恙即丙子丁丑兩年亦不甚順戌寅巳卯
兩年坐山三七相沖三卯震為木卯印見為金金木
相尅故坐山所名謂反吟者此也生年定主官非并
多尺妾印癸未歲年建七赤到山女丁小巳亦不甚
安乙酉年暗建臨山諸事小心丁卯戌巳六月似有
丁口欠安之象急宜更改山向自然轉禍爲福或旅
來年春各擇吉將金墩卸去重堆恰節合修龍主妙
要主整及十年內丁財不能穩是都由山向及水神
用不得其宜耳水裡上榕須見乾另壽三方水來
為妙場忌巽審坎三方有去來逢流年鸞向三七元

心一堂術數古籍珍本叢刊　堪輿類　無常派玄空珍秘

一三二

到山到水先年定多剝削

若辛山乙向加戌辰○丸○合葬

山來龍

按星五行如上水纏均得免文所謂陽

八三五四

山陽水者即此心○主財源方進所嫁止

此方聚水按得孤行火動于此正与向

五一三五
　　　来水

山光金相剋先為當旺多氣為来水相

七九八

魁主血症尖疾小口欠安多顛主穴主

三三
六六

二
山

東此方田形覺闊按得白門坤土亦主

九久疾腰痛主症如丁欠安等顛山上与

二一
三七

向首三七相反金本相剋主瀍丁歷至

向首三七相反金本相剋主瀍丁亦不能久

駁都由火金相剋之故初年若在戌辰年是年歲君在
辰所用山向都朝太歲是亦答之一端合甚甲戌年正
月是年戌都在辰立向又衝都天正月又在戌都當
今之前尤宜忌犯者交戌巳流年是年紫白与來水
向首相剋定主欠安卯年戌都又臨向首
土氣重不當發水鬱之症如今歲紫白巽震巽木之
氣加于丙丁火燿之方火旺金衰亦主肺疾血症之
類來年壬午太歲在午衡動來水風火之氣而不甚
要究其所由皆立向不得法之故

連下頁政向看

墓門改向　辛巳年

二宅雖以向首一星為禍福主禍豹必

山來龍察來水之源及艀得星辰之可畏而定

吉凶也原向來水剋向是有此應今改

向戌辰兼乙辛三分向首星辰得一六

金水吉耀來水之處得一四水木柔順

氣与向上星辰又屬相生相合所謂

合則和柔則妥此及乃為今補救之法

坐

五　九二　一四
　　六　　八七

二四三
八六三四　來龍

向

山水七九　六一五二
　　八　　　三　　耍耳

八四四三
四三五二
恕四三五二
二五六二六
七恕二五四
一恕九五
七恕八三四

八。庚山甲向加酉卯三分　道光四年改

山　向得八白八白即艮為左輔為官貴文

為下元當旺之氣宅向得之最吉兼於

九三二　山向三八相見四九為會合青囊經所

恕四　五二　謂陰陽相配者此也陰陽相配最宜讀

五六一三二一　書并主悠久

九一八九　門戶宜承震坎艮巽四方忌離坤乾三

恕一九　向　方。

七。庚山甲向加申寅分金。用于嘉慶甲子八月汪肇泰墳

元空大卦。山上水裏顛倒誤用上山

下水丁衰財薄之山向也自用後十

有餘年甚厲不安惟丙寅到乙亥此

十更甚即丁丑已卯數年亦不甚妥

所謂吉地葬者是也

山

一二六
六七二
五六一

北

六四六三五
八七九五五
四九九五
南

四八
四四
三二二
八三三

向

六〇辛山乙向酉卯酉三分　丙辰用

五四一
六二七

八六二
七四九
三五

大草房

八五四一
八六二
五三九

六二七
三四九
九四

塔

三一九
七六二
五

辛酉龍八首坎方來水坤方亦有未水

會於穴前一直一鎗出毫無曲動情形向前

見塔御在乙方局寬水慧氣薄力弱即

有墩泡都由人力。

上山下水用法顛倒坎上未水即得微

嫌太早并於乾兌旺神相剋丁希財少

半由乎此交甲運一白臨山自能丁多

財旺可望讀書有成

七。庚山甲向兼酉卯　十七年壬辰丑用

九五三四
三六七二

來水　龍山
九六　二五二四
二　七　六

向上排來七赤到山此謂之本山山上

排來又七赤到水此為謂之本向又名

七四九三二八
巴二元八三

伏吟經云本山來龍五本向反吟伏吟

九　五二八
三　六

即此是也宜稍右邉文許前二三尺仍

二一六

用庚甲兼申寅一二分或兼卯酉二三

乾五元
八一來水

分丙辰年葬時當用甲向兼用乙向

二七　六三

來山去水都失壬申年合葬時當用乙

四一毛八

向惧用甲向兩兩相錯故有此應下圓

城泉　向　池

是圍細究諸訣可得

八四三
九七四三五二
不二
二五六二五二
六二九五
一九五
六九八三畺

庚甲改向燕申寅，道光甲申年八白運內 自斷

元空五行向得八白八，即艮為左輔為

官貴又為下元中運之旺神向上得

文最吉最利更能終始悠久又為火

土相生山止排來震木臨山三八相

見四九會合經云所為謂陰陽相配

者此也來水去口坎坤巽三方躔辰

俱得丁財兩旺可許讀書有成

是圖細究諸訣可得

未水 龍山
七九
八 三四 二五
五 三六 二五
三六 六 七一
一 九七 八八 四三 五

塔
城塔峯
向 池

七。原向辛山乙向兼戌辰　十七年安葬張宅壬申用

山向尚可求福豐下無氣又不能就
局水有直流乃丁稀財薄之壞也再
兼三七相尅于坐山丁少可卜矣

連下頁改向兼看

八一　　三四

三　　八九

五一　　五九四

七六二　　二六

八〇 改向乾巽兼巳亥分金 甲申用

四八九
三五七六
八二七三二四六

来囊水
来龍 八首 改向移上辛酉面龍水從坤收来過峽

巽三 一
八七 九八

五 一五 六山
二四 坎不見

六
一九 五来水盪不見
五三 二四

二八一
三九二
七二六

向
丢水

改向銷出乙方去去口為下河關欄收

水不見真出之形即換星五行來山

去水都合所謂体用三元天地氣陰

陽合得九星灵者此也 壬癸龍入

首原向穴近界過滯与氣不接向水

真流来狭去闊穴之右边特低数尺

種種由五穴脱氣之故移後二三丈移

近案前後稍有顧穴奥情
惟内堂田形少有高低宜
改敬草坦或開池均合

左八九尺接著泡撤後靠泡盪前對

二五七一六九戌
四七一六九巳
八六四一巳
三五

八六
四一三六九
二六三二

九三六八四
二七三
六六三二乾九

四五
四七一六九戌
八六四一巳
三五

灶
　木尅　乾門
　九兊尅八

六八
二三巳
七一山
　三伏吟
　三反吟

六　五
二四七
五一

柔四七
四　九五
七　三六
尥門

七。住宅子午兼癸丁　甲戌八宅

向對六白六白屬金金以土為生氣以

水為子息木為死氣火為尅我之忌神

上房內戶宜走巽方是方一白水氣所

臨次走坤申方是方少陽艮土所臨此

方二都有益向首上房門現在正床乾

方二方此兩方所得星辰均屬不合宜

改巽坤為妙向尚上須傳乾金作灶須

培艮土方合生生之妙灶為火門宜向

艮方為合火門現向甲方佈着九紫丙

火火上加火微嫌太過并有魁向首之乾金宜政向

巽俱金合。

甲子四木辰

庚子二土申　擇於七月二十六日壬辰之巳時安床

癸未

庚申

壬辰

乙巳貴人

八三三四
八六四三

酉九七五
兌三三九
兌五九二

平空八六
一五三九
二七七宜空

六四　一九五
七五二九　此地忌高

七○ 憲署子山平向加壬丙三分

大九空撲星五行向對八六合成山

天大富有喜有慶之卦頭門又在巽

方是佈得一六生成之氣与向首兩

星過合三陽所謂三陽開泰者是也

富貴無休休即此向也向上既吉必

須局勢寬平使有富聚情形乃為更吉

今攢小教場裏為憲署之外堂現有

磚石民房及神廟城樓塞阻坐山是

方布兌七伏吟于此在上中兩元陽

氣方升之際无可如遇流年星辰化氣沖犯尚有美

中不足之件

分炎下元九紫陰氣當令是即坎方九宜低空見水

為妙今署內有高樓及諸廟阻塞于堂後署外遠有

神廟城樓暗射于北方私鳥鼎之感商力之乞大都由

此今用以乘制剛之法開井兩口于壬癸方以洩剛

氣觀之制化得宜自能柔順永貞官啇足則財恆足

矣

憲署癸山丁向

依大元空五行顛到推算法，向首一星輪翻六句武

曲屬金，即後天之乾卦丁午本是先天之乾位，向得

雙金與衙署最合易云乾為首為心為官此官

與君衙署之致要向上不可有碍明矣天歌云向首

一星災福柄亦此意也向得乾金一切宅內宅外門

戶街道以扶金相水為尅先其次比旺為要大忌与

向上星辰相冲相尅即宅內一切動處井門戶行路

房床井灶及左右零屋高低便門側路亦以扶金為

要切忌相形相尅凡衙署以大堂宅門為主即大堂

前後左右亦不宜有碍是大堂之東又昌閣在彼九

紫亦換在彼東方木地本屬先天之離位離為火九

紫亦為火火乃是宅之忌神此方宜低忌高宜平宜

靜并不宜有門路往來行動其間為要論向首星辰

火為金之難神五鬼論九曜五行又與官星有剋論

八宅又屬本命之禍害害此閣必須改移東南巽方

震方宜低巽方宜高此為一舉兩得豈不美哉

六〇陳氏吉壤　壬丙兼子午分金

二九七
盆元三
四八三
五七三六
二一四

二五六
七三九　二
四八
七五一二　六　三
九三九
八〇四八
一　五

向得剛金山上龍神又得戊土到向

金土生生最為吉　利獅山橫山都屬

有情向所謂星辰又是魁星文曲體

用都合最利讀書

原向戌辰兼乾巽　霍宅癸未用

六二　　一
九二四六　五七　來龍

四九　　五
屋四二六八　一三　來龍

七八　　三
屋四二六八　一三　安

六二　四六　一九
九四　六二　九一七
八九四　七二五
八九八　三五

登穴須見巽震坎三方水為妙必須

乾兌八首山水都吉自能丁財並茂

平安悠忽尤忌見艮水离水离方現有風

屋定主多壽且健

八〇 酉山卯向

三四八七九
三八七九
六一六一五
六一二五
二五三四
二五三四七九

内戶承

内戶宜冗乾離三方為妙艮方平氣。

出八亦合即忌坎坤巽震四方門路

有則改之為妥

此宅大有可觀奧妙非易

六．庚山甲向兼酉卯三分內戶壬山丙向兼子午中元戊申

七二　三六　二七

七二　二　三

四九　五一八　三六兼水

五一六　四八

五九八　一四五
九八　一
九八　一四五

二五　七九　六一

二七　　六二

七五九　五二　六六金

三九　五二　六六

二五　九　六二

灶門約在申方火門

復向乙辰方火生艮

土最利催丁是宅吳

德箭隹

三兄　四
三　三
八八寅

《二宅玄機》附《青囊總秘要訣》（民國寫本）

一五一

向對八白八白即良為土又為成始成終之吉氣向
首既吉内戶宜承坎坤震三方門路為合現象離方
出入是方戊已禎土所臨土上加土微嫌太過似有
中滿水蔚微恙内戶既得重土上房門路須接乾兑
金氣所臨之地以洩之吉宅乾金佈在坎宮兑金飛
于坤位上房果能接此二方門路自能招喜慶于目
前切忌乾良巽離四方有門有路有則改之宜移于
吉衆為佳賬房自銀錢出入之所承接之氣亦宜坎坤
二方為要經云從外生入名為進者此也現承辛酉方
門路是方震三木氣所臨與向相剋矣
宜遷文許得祿坎癸方門路

七〇 佳城乾山巽向加亥巳三分　吳德翁老坟在衖曰星山

元空五行水裏山上主財氣平平
所為本山本向者是也　向對戌山壬
戊為中元之旺氣今交兑令土氣
巳退亦主財不足幸喜地高氣厚
有龍有氣再兼乎丁方池水用法
合宜初年可冀平安來年紫再八
方伏吟似有破財之件○吉壤候定申
將故敷加大且高如徽坟一般或將金門檻放寬
數寸或秘前均可

辛酉龍　辛酉山

三三元兑六六
三五九八九
一三六酉
八一 元六六巽六
是 四六九七

池
三五一　九六九
七六八　二〇四

低田
三五　七一　八九
三三　五八七　六七八

塔
一八五　九二四
七九　二六九二

向　横山
二六九二

小村
六四六

申年秋季擇吉

六○壬山丙向兼子午

　　　　八七三　五六
　　　　八戊七　二九二　三二
　　　　五辰　窊　五

來水

六五八　二三　一三二

七五八　二九二　六五七

八三一　九四八　三四五

三叉

　　　　　　來龍

向首一星是土來水又得兌金

金土相生定則生出主財源不

旺去水離巽方為嘉九離云紫

白並吉微嬔太早交甲申甲午

方能轉機

貝亦香兄巳卯十二月十九日進宅

壬丙煮子午四分大元空五行向得兑乜直重所謂

申
四九九五八四

五九九五八一

性慘渙剛燥又為肅殺又為白虎又殺

伏吟者此乜兑乃西方陰銳之氣情

四九八
二九壬二西
乜訣兑三山陰
訣兑八六

為毀折諸般形色情性均非宅向所

宜第一大門改向子午魚壬丙三分

最為妥當或宅內內户門路均走乾

六三四
二五二八
一五一六

坎艮三方亦吉向上兑得兑乜伏吟

門角二老陰

內户制化之法冝洩金壯水為盡善

坎承官貴陽氣所臨之地亦能平妥切忌震巽木氣

《二宅玄機》附《青囊總秘要訣》（民國寫本）

心一堂術數古籍珍本叢刊　堪輿類　無常派玄空珍秘

之方凡有門路急宜改较吉處為妥

原向所嫌者陰露陽藏再無角門內戶都走巽方巽

方震三水氣所臨主為向所封者是也木受金封主

多肝疾口疾及下入口舌幷防失財為妥

老房門現在正床之丁方門外來路由坤轉庚進房

門与路火金相剋主財薄心芒肺疾等症新房做于

右造一間房門靠東朝此安床宜朝東向移于南方

第二三架承是氣正合少陰來路房門却在少陽方上

此即陰陽和而萬物育生之一法居之自然安妥必

多吉慶吴

七〇原向壬丙無子午今易向子午無壬丙、三分。見氏辛巳易向

自改後凡有門路行動宜走東南正南
西南及西北四方上房內路門戶俱利
惟忌正東甲卯乙方門路行動也吉宅
東路甚少即內宅外進灶下便門却在
內宅門之甲卯乙方宜將此門移前一
架便合可做曲折不見此便門更吉

自方直偷街

三八七
八六四一三二
六八三六七七
一五四九五九

三六
八四七二
三

八六一
六三七五

五四一
四九九五

六○申寅兼庚甲三分　又申寅兼庚甲三分

疑〇面卯兼庚甲里此撰

山

四八九
三六七八〇
恋九三四七
二三一四
四二五兑

龍五六
八七六
九三一
四九五
來龍八九
六一
六一
四三
五二四
五二四

四三
八七一
九七二
四三四四三
二一
八八
七九
兑
五六
七九
三四八七九
一六六一二五
六二四三九七

二四
三五五
九六
向
三五
四二
三三
兑
怒
換
四一八六九五
六八一四五九
二三三二七七

否則七○申寅兼庚甲壽

喫麵

九　二　九
五　六　三
四　二　八
九　一　四
五　六　三

問事動不動吹字六加坎六即乾坎
為水似動不動其權在官長目逢已
亥特值戊辰其機已動癸卯日定有
音信麵字加於巽宮似有兵役書吏
等阻滯之象須防小財到丙午日是
見頭角或因此而下人口舌阻滯亦
未可定如果成就行將來辦理約
略省力且便而簡非但有益於已并
有益於人也

三〇 子山午向

四八五一六九
五一八四二六
三三
八七 三六 二
九六 七二 四七

假山岩

四一 五六 九九
五一 八四 六九　兑

大門 三六
七八 一四
二 五

小門八二

火九三四二
六三
書房

〇 甲山庚向

六二 二元 六一

四元 五九 五一

四八 七三 三八

癸亥八

八〇　丙山壬向兼巳亥

九四五四
六九五三
二六一

九七五二
三四五

九四五
三四

二四
八一

七九
三六
八

五七六八
二一六一

二
一三

上房門現在正之寅方門外來路由

庚方進房庚上是坤二病符所臨久

居恐有中瀟水齡等悉宜移處為佳

灶位現在一宅之乾方火門現在向

巽辰亦宜改向壬方艮方恰合催祿催丁之妙

元實五行向得八白即艮為戌

始成終之吉氣宅向得之最吉最利

向上既吉內戶宜承甲乙壬癸斯為全美次即艮路

亦合生生之妙切忌兌門兌路及坤未方門路有別改移為妙

細按五行方
曉紫微同
八武之妙

一　六　五
四八　四九　三
八　四　九
六　三　五　七
二　三　九　七　五

八　四
一　六　四
　　五　九　三

宍　一　四
一　二
五　九

一　三
二　九　三
七　七　五　（井）

（灶）

六吉宅子山午向兼壬丙三分　陳假箎兄陽宅

元空五行向得六白且重六白即乾為

金為玉又為坎宅之生氣宅向得之最

吉最利向上既吉內戶頂承離兑艮三

閂外來路均由震方而來直而且長是

方門路更吉上房坝在正床之丁午方

方所星辰又是震木坤土久居恐防肝

疾宜移左文許須在上房門之良方為妙灶位現

在統之良方艮方換著兑七疊臨兑屬金為少陰為

肺為口舌灶位在此主肺金如症之類宜宜向庚辛

九○佳城壬山丙向坐午三分

六　二（獅山）　四一
五九　九五　一
七　四（首）　六三
二五
八　三　七
四一
三　　六三

向對兌也。伏矣。巽方小屋所得星辰。

与向三七相反。兌上獅山換着火剋兌金。

相剋所謂火照澤天即此也。火剋金。

主少陰欠血。且多血症。經云滿向一。

神亦即此也。丁酉年火燭。更要小心。

印添丁口。都是陰後陽少。均由九七

陰數之所招耳。若以愚見。須修龍川

補救之宜將金燈加高。四面多種樹木以遮護之向

小村水溝

能平鳥戀父也

八四三
金垚四
六二七
一五九九
左勲兒

七三
三四

八〇二

六
一五
五九二
四九

六一
九二
七
街

五
二六漆水路

七〇酉卯魚庚甲

元空五行向心赤左逾街道恰在大

門之坎是方佈著九紫火曜止剋兩

上之兌金兌為少陰為雞羊為鳴為

口舌又為皮毛主肺金之疾門路俱

得九七主好飲并主肺氣不舒之悉

現在女病須過十五癸卯之日是日

干支恰与兌七相冲之故

九。辛乙兼戌辰

坐山兼輔向首兼貪最妥最穩再加乘

水都合旺氣荇葉相庄丙午特朝又得

禪數救佐用廉倍生旺全收

其地花卿伯蕃彌相公廟東省丁癸末

參用雝揚崔苟農之正堂所葬

六。甲山庚向兼卯酉三分

元運五行向上六白六白即乾乾為離卦

□首又居下□生氣山上排龍又居得

二黑坤土到向坤土生乾金卻合天坤地生

生乎妙山坐一白又得方白金氣到山

此卯乾山乾向方謂之一与六又合天

地生成之數丁財人秀三者全盛壬山向

也

午山子向兼丁癸三分巳坤

八四乾龍
六八

四八坤水
六八

八六四
三二九

七五五遠見
七七照神

癸暑見湖光此謂趨神亦屬不插不離諸般都

六八一〇二三
八六三六七
四九九四

六四
三二九

一二四
一八

三二九
九七

五四九
五七三

是的穴之證玄午山子向加丁癸三分元空都事向

得重々重々喬舍為下元旺氣接平水裏金得

九五五九
四一

水則生主多丁財水自辛酉方來自方仰着一向一百

七七三
八六

卯辰申与向上之先金相生五氣貪補救吉妙

三一四
六

讀書悠久不申甲辰運宮發科名微媾串山東水均屬

出卦用法又瀉水火山離所以應驗運三年如用丙壬

弟子午更令

七〇乾山巽向兼亥巳　維揚崔筱瀾宅

論

丁卯年建宅五行戊巳頑土到向自
進宅後逢五黃戌巳二黑到向流年自
目穴刮之件向對戌巳戌土為中元
之旺氣令不下元即為衰退之氣又
兼正辰子山午向兼癸丁壬坎宅坎
宅見土當避又花向首難于邊避
所此其一也卯坐山披得兊金旺氣
巳屬不合又兼鸚宅相剋於山此其
二也向首既對頑土内戸宜乘乾兊

金氣以洩漏于方合從外生子妙吉宅乾陽藏伏
于內兌陰受剋于山洩子一絃而無所用此其三也
此可用疏土之法以制子令將大廳前正庫門擇吉
開上此門秘与巽方大門天井精通乾則巳主雖
頑其熏自輕且等巳方死第二重庫門上看南又移
巳丙壬間此方震方木氣所又得一白水以生乞未
旺土氣自衰此亦歷之一法也

七○壬山丙向兼亥巳

廟　亥龍　挨星五行向对重七七即况巳為下

五一　九五　酞　元之旺神用得其時最吉最經云所

三三　二八　三六四　謂得氣先施力自遠再兼一六水氣

止三　六　堂歸穴後山与向金水生生最慇最

七三　四　八六　久之山向心末龍形勢活動挨得一

素　之妙印丙艮乾坎方水用法都含并

白文秀之屋主讀書易成情性平和

合補救△真填達之妙石直達則取勝無先鋒不補

救則算後魚食簒怡却合比法用耳

九〇 子山向兼癸丁

三　八三　七四
八六　四一　三三

〈天水〉
六八　六五　二九
二三　七七平収直

〈文屋角〉
四　九五
五六四七鸞九二
五九

五極星辰是二黑坤土其色黑其形方
又名死氣煞灵枢事此合吉逢四綠九紫
震三木氣到此年月須要小心
大玄空五行向得六白又加之以八白
金玉生于瞻令山天天富有喜有慶之
句也山上水裏三陽均排列向乒所謂三陽水向也富
貴无休颌令此向微嫌坐山兌七伏吟暗与震三木
氣相尅主甲戌旬多香昇有使女下人口舌更催無
福吉宅之最忌者三义路与屋脊登大汀省着東諸

般都无卯乙自方佈著九紫火數又与巽四木同布
此方風行火動有碍向上之乾金小心火燭与官事
為要内戸制化之法第一以壯水為妙水旺火氣自
泄一炅之理也第二以扶陽抑陰泄風火為先恰合
治風先血治風火先治風之意即内户打路尼眉行動
震均宜走東南巽方向宅言水氣布於此也即灶伍
火门市宜向東南為要此即壯水之法耳再於東首
明堂巷内靠南第一進之处第二進之前狗尼繞宅
于巽方開井見水此亦市制化之一法也

七。庚甲兼酉卯四分 丙坐壬向兼丁午

二六七三二三九
四
六0九一五六
四八三六八三
0八三八三四二

天運五行。向對震三震三即歲墨壬癸福壽
微撼合當笑金木氣巳遇壬癸庚脈氣之顆肉
戶須承一白水氣所陰之地方得生生之卅壬戌坎水氣
布截坎宮家難承接卯未年紫白八方伏吟加臨似有欠另一祥

八空 三元
運遷
此方照一舉之撼星決非七運庚甲兼卯即正之向空然有
慎觀此撼星疑慮八運內且未蕭奉壬丁壬寅
五九九五一
七七二三八一
三三0一六八

七甲庚蕭寅申　庚辰四月

兄七別山裏方宜㕛平忌見高峻塔及山与村落

如有此等重峰及病及群血疾微恙并氣陰人書

登穴須見乾坤巽震四方水為妙

撲墓五行向對二黑二黑即坤在上中三元為天壓福临身

下元八運即為廣齊死氣坡向對此主多腹疾並重安丁灸

⋯多病久則恐防水衞耄疹山墅兌八五陽震三木氣相抻

所謂庚吟伏吟者此七年山午回書群耶也

兄七年周排八永票全反用粘山上主財不旺丁亦不望是須見坤方乘水或坤方低

田空瘴丁財㽞川有憂

七三六八
0九八公三
四一
九六

二五
九六
二八
一七

遷

八四
三九
八五
三九

四○慕雲庵山門酉卯兼庚甲　興此撥星運三運內酉山卯向之撥星決非七運內之撥星也恐而有説故辨之

八三の
空の八三文

八三文九八
二一六五九
五三六吉

二六九
二九八
五六
四巴
五九

八八　浴哈　二三　　大空五行向對見金兌為澤　為少陰為秋為義又為毀折
六三
九七
二

山上排来之時九紫離火到向火金相剋主多肝師之疾辛喜
大殿向軍之方撥着一六夫生　長成之氣一印坎為水為修丈為元

武都与向上所得墨辰金水相滿恰合以陽制化之妙且其合

三文九八
三五八九四四
又一六二二六

五六四九

塔二
八一
三五
七九
二一
四一
七

六一
一五
二四
七

夫得一以清地得一以寧似佛得之則靈仙佛靈廣宇自然妥足　正殿子午兼壬丙

分●　亥山已向兼乾巽分金　撥山向分金前局一武決無批評之言恐而有慢或者前
看直向太偏与壬丙今金之後故批評耳

獅山来龍屈曲活動有起有伏恰到正穴特起石峰轉辛入首再

起土墩開面巽方草木色澤都有神氣土色精神氣象尤尤

歎印正穴田塍出塊有情朝向田源去水處恐拘婦穴前種種皆

一七五

情穴之真擴也　卯挨其心動情　觀其熱處　看其形勢　察畫穴情　似平得穴之廣花于

王穴元左畧上數尺為　做羅城　唇玄山巳　向加乾巽分金　正對巳方　山塔頂　穴前舒

轉朝案有情　卯近穴　前橫墩泥乃花左遠橫山皆然我用巽再熏得時得令堂

卜永久福壽　康寧吉壞也　三卦排束恰合艮山艮向艮峰之吉高局

七　壬丙熏子午

七　九　九三　一四
五九　　　二

七五　二三　六七　耳
一

九三　八四口　四六
三三　四一

山上水裏都花向也尤　在山在向者是　　卯穴閤文許

見水為作　名則主肺疾肝疾久處恐防人丁稀希

衝殘子息宮故也

六　乙辛加卯酉分金　會前謝氏其地凡亡妻門

七二八九五
三八六の〇九
×三　九三三×

池　　辛上三文

三三二
五二一　一六六
　　八七六　九五五

一五　六六　二三
三八　八四　四九九
　　　　　　巽九　子泉
　　　　　　見臺

五三三　四二二
七三三　六三二　九七七
　　　　　　巳極

水光屋　未玟
　　未龍
来水用法坐得坐夹未龍五行
三七四又合辛反伏

土推屋二青舁阻塞手山成山管人丁用法欠妥主丁希卯辰方屋角撰運凡文

前運丁为甚旺辛喜婴万水光照穴丁财妥足元壤也

天空五行向对玄武卯坡一屠体若贪若科若水山と排龍

六白乾金又到向首恰合天地生成之妙向と得此再利讒高

莘辛婴悠久惟と水真長有權有力恰雜有真情向穴

所燸撰著星慮坐上中元有運と旺神令亦申運衰返

巳極再焦九紫火耀相泄熒有瘋顛疾病十二旺有焦

水雲坤龍神撰到坐山山反須畧見水客师現有運坡

著

六辛乙兼辰戌三分　張吟僊文運原向附華

浜上	平田		原向元空行五向對巨門坐山武
一五	六一二	五九	曲上山下水用法欠妥幸喜艮水
四五	七	八	四四
	四四	八三	三爻撲著二爻生戌二數可冀丁財
五	九四	一六	
八三	四四	一五	精空所爐立穴太偏向首星辰
三爻	二六	七二	又屬先金之衰氣裀華五爻
一	二	六七	与主穴天淵相隔卯坐山向首�
轉浜	二	三	
熙神卮甲有權		七	

排多吉甲方熙神用法而得

公癸丁兼子平三分　蔡氏

庚轉派

二　一七　二六
六一　二六　二五

八　三四　
五　七九　
　　一

九　三四　八七
四三　三二二　九七

巳方去口

癸方別𡧳新做墳墓門恰花子癸之间遮秉水阻塞後山
高而且達元空五行又挨九七劚金燥火别被年逢丁亥辛
辛卯伏卯紗有女丁欠安二件即山去不甚要并下使女及花柳
丁亥言填都要用心防儉其餘坤離兑坎諸水均合惟巳方去吉
用法欠妥

其埏花金山跌百橋及山有碍宜属火金相尅二氣制化之法第一
以壮水為妙土壤之一白水氣沛花兑方欠滂之曲水雖吮庚壬激燥其太狹急宜閉
潤為佳發制化之最妙者也其次向前開寬見水而合再次多用帝鐘燒化于山嚮而
斜猜解必須擇丙丁吉日更抄

七白壬丙無子午三号　　　　　　潘桂盧

九空五行向對兌七重爲兌爲金爲少陰其形出鏡其味辛辣

七　九五　一四　三

五九　二　三

其質硬碎其性剛强其令爲秋其徵爲義旺于夏天之初運

兌　九　二三　六八

三二　四一

今乂甲申�⋯辰三木氣到向金木相尅相衝所反陷伏啥者此所謂陰

五六　一

神滿地者乖此也⋯內制化之法宜和宜洩切忌沖尅泄法莫善于壮水

言宅之白水氣撲充乾宮上房內戶尽權尅亥⋯尅方爲第一次

艮坤諸⋯陽會聚之所恰合⋯泊制陰之一法如乘⋯震天醫生氣六二万爲向所尅且震木爲

坎宅⋯子息⋯息受尅坣丁不甚旺芽爻肝氣巔疯径玄富氣受尅於兌金爲壬尅之上房

門尅丙正床⋯癸方上房門外⋯⋯由丙午轉庚方進爲次謂輩爻尅入印卅生⋯⋯酉庚戌

庚辰辛巳合⋯

庚金木相尅

生⋯⋯富安命三四卯富癸郡屬木震爲直木本不受尅癸爲棨木⋯⋯三爻与向上⋯兌金

三合六合常屬無碍惟震与甲乙恰与正沖所云沖尅非形勢之沖尅是五行之沖尅也

八子午坐丙三分 大门為一宅之氣口坐山朝向為迎神引氣之主宰原向主丙坐午分金

六七一
三五

四
回首一星似半不合故特用挨移辰之法將大门扇向子午坐丙三分迎首

八五三四
重八恰逢戊将戌济言吉氣又為少陽又為蓋善其色紅紫其氣

八三四
六九
和平甚運正值旺令宅内得之自然平步磁久催催丁手指日笑大

八七九
四三七二
廳前宜走寄坤艮三方门路最為吉利廉貞及上房内路宜走坤

六七二

兑离三方恰合從外生入之妙也

六癸丁加丑未三分

昌蓉卷陽宅

元空五行向對兌七金氣金以水為生此生為思星以乾金為此

旺兌金剛燥主氣可化切忌震巽木氣三方門路為宜向趨制

内宜承坐當震三方恰以陽制陰三一話上層内户門路書至甲己

最為合局切忌乾兌三方門路有別改之為妙

三壬丙兼子午　顧山須氏老壇主穴

向陽巳門土為上元旺神合其貪巽水持火用法得國典武曲

為申元之首頤玉申元甲申大刑丁財來水青永用得三吉更

秉兼補救所謂更取貪狼成五吉者此也

一宜見水為妙

此方有祠堂逼窄

七七	二二	三二
四八	八四	九三
九五	一四	八六
六六	一一	五七
五九	六六	一四
二二	三九	
七二	九六	
四七	二一	八七
九九	四四	三三
二四	七四	
六九	七八	
去五	六九	一五 戌

逆

六〇

丙戌春

五亥巳

壬壬丙

九五
九七
〇巳亥

一三
七五七

二三

未神申

朦氣

元空五行用法之玄妙美者也要向天心

壽十遺今從形踪吉看龍用貪狼山水

萬得方器求諸之上壞戈

五黑位祔葬壬丙

非　三八　二七　一二
　　四五　九六　五六　二
　　八九　五　六四　三訊

甲卯山尾

方宜用青色巳為卅

火為高風行火動而主之疾并見紅色于良

三印震為右呈四印巽為風風疆左呈九印離為離為

六癸丁烏丑未

須氏阳宅

宜平　灶　山龍

五二六　一二二
七四八　　九六一
　　　　九三二

三九四　圭一　四一五
五二六　　五二六
宜平

七四八　六三七
九二一　八二一　二八三
宜平　　　　七八四

元靈泰祿向對重六六卯乾者金文居坎宅三生氣宅向陽二最吉

向上說吉內戶永嘉兌民三方小路斯居畫蕃兌太河外及大廳

前宜卯巽辰取坤土以扶贅太廳裡及上房內戶須党乘民三

方何路宜開陽生陰食之所

八癸丁萬丑未

五一　二九　一
　　　　　伍二

八二　二二
七三四　七云
　　　　帝舍

三二　二四
四二　五二
九七　九八

空少陽重云少陽沖艮艮為山為上吉成路城鋒云

十二氣性情和平於色明亮异為光尺尺主合三星宅白

得言最悠久且利富貴内戶宜承壽兌坤艮四方最吉卯乾方

八于山午向加壬丙三分

四　一　六
　　城　東
六　二　九
一　六　二五

八　四　二
四　二　九
　　五九

四　二
三　五　二
五　九　火

艮龍入首乾兌東水先　方獨闊　特見水少有權有

聲宅兩舌坤未水到癸橫河深坑名少　止蓄蕩園聚之情宜乎

嬰辰方添墟一道自有止蓄實狀再將小溝開通便水向向

宅旋轉抱鎮之處歷曲仍歸巽方流入大河如是則來源暢達章

言曲析方久遠　主基矣

宅外宜見坤兌離艮諸水宅宜建高坤兌坎艮五方可勝

心一堂術數古籍珍本叢刊　堪輿類　無常派玄空珍秘

谷原向坤艮無申寅分金 八年無錫東牽周氏老坟

```
三六七八八
九九一
二八七九
二二七九
六九三〇七
五八之
八九之九
八七二
一〇二五九九
三〇八
三三三三爻
```

原向五行向得重七七即是兑西方陰鏡之氣性情剛形

色桃渓牽非向首所宜更兼重疊所伏峻峰者是此山上排来

八七
六五　三四
七六燃
五九四神
又得九兑當火到向火金相剝尚非�180要主向當照神所傷

三四一三
四四二
三五二
八九六
七之
火宰燥火頑土主向首尚屬為合強金火旺金是鬱

三二一三
三四二
舊坎墳　浜口
勢斯燥燥意也

四形方反龍氣阜臺瀉水法無情用又金失宜有此應

一八八

分二十三年合壁未丑加丁癸三分　丙戌易向未丑加丁癸三分

原向壬丙算

八七二　九四七　六
五七　九　四四六
　　二　三

九六　五二　二
　　四一
五二　三

九七　四四三
　八四五
　　八八

二五一　五二一
八八一　七六
　二五　三

三西　六四三
五一　六九三
二五　八八一

坎　五一
素水

三陽水向更薰出熱

葬宜淺宜浮卅

宜乾亥方水光稍見

門按于正床于艮震二方為大吉果能按于良上丁武財必可知矣有茲或將大門按午丁二方金亦吉

六丙山壬向燕子午三分　甲子一運附塋　自斷

屋香水形直流

無空五行向對重一一卯坎為貪狼廉上元上統領向上層

家冣吉冣利者也断傷坤兑三方水注沖流金木相尅風行火動

向首　又河于此裏辰少失令欠多財源无此年建紫白逢三之九到此

今欠妥急宜迁一為病強云雷風受尅于兑金者此爲本受

金備偈看此也

九三　見　吾六
二九　吾吾　二
吾六　二二　三八

六七　九三　一二
七七　九三
五七　九三　一二
二九　五六
二二　三八

八同上原向

七九　二五　三四　　元空五行向对八白重壘八即足民為山若辰市為

九七　四三　八八　　下元中運三旺神向上得之最吉最利書兇令如甲運一六加

五二　六一　一六　　隔三陽開泰者此地今圖周附墓書向轉山皆為坤兇二方

九辛兑癸丁薰丑未三局一届門丑丙　星辰刀得之故耳

辰　窖　八　　二七　七二　六三

乙　窖　七　　九九　五四　一八

坐　黠　九　　四五　三六　八一

三六　二七　七二

五四　九二

一〇丙壬燕午子一分　周徐巷新坟丁卯年丁卯月壬寅日丙午時

五四　　　　（水）
九二　　四九五　　未水大河

屋三一八　　　　　　砂
二九二　六二

三二八　　七七五　　三六三叉
　五九　　水砂

三二八　八四三　　水小三叉
　　　　　砂

元空五行向對一宮重疊一白即坎為貪狼之主寧統領

星補救直達世所又偹着排于六白乾金之位叅天地生

成之妙向上得之最利讀書必妥悠久秊水乾方大河山上佈

着六白与向上金水相生震方三叉水裡希著艮所為取得

輔星比五吉者基也體用得宜丁財人秀金盛三山尚也

蔞壽尅俱要平空安靜為妙

伴改之脫前黄樓脫
旧本樓玉料錯

一_{坎向}癸山丁向燕子午丁卯年癸丑月庚辰日辛巳將

向得一白重疊一白坎為貪狼上元主宰坎宅旺神

用之最吉向首既吉內戶宜辰癸為二方門既

恰合金水相生之妙柱位宜作癸方火門向南房

門朝西見方出入血脈筋骨一氣貫通盡善

盡美之吉宅也

八三三八四七
二五九九七二
大五四三九

七二五 五 三
九七三
八四二

吾癸山丁向

三四七八八
　　　　　九

泛
五六九一四五𡧤山

一二三六七
乙上巽

二宅玄機 親友家藏
不可泄漏

天機

青囊總秘要訣奧語

真堪輿

中華民國丙寅年辛卯月甲子日抄

編號	書名	作者	說明
62	地理辨正補註　附 元空秘旨　天元五歌　玄空精髓　心法秘訣等數種合刊	[民國] 胡仲言	貫通易理、巒頭、三元、三合、天星、中醫
63	地理辨正自解	[清] 李思白	公開玄空家「分率尺、工部尺、量天尺」之秘
64	許氏地理辨正釋義	[民國] 許錦灝	民國易學名家黃元炳力薦
65	地理辨正天玉經內傳要訣圖解	[清] 程懷榮	秘訣一語道破，圖文并茂
66	謝氏地理書	[民國] 謝復	玄空體用兼備，深入淺出
67	論山水元運易理斷驗、三元氣運說附紫白訣等五種合刊	[宋] 吳景鸞等	失傳古本《玄空秘旨》
68	星卦奧義圖訣	[清] 施安仁	與今天流行飛星法不同
69	三元地學秘傳	[清] 何文源	過去均為必須守秘不能公開秘密
70	三元玄空挨星四十八局圖說	心一堂編	鈔孤本 清
71	三元挨星秘訣仙傳	心一堂編	三元玄空門內秘笈
72	三元地理正傳	心一堂編	
73	三元天心正運	心一堂編	
74	三元紫白陽宅秘旨	心一堂編	
75	玄空挨星秘圖附 堪輿指迷	心一堂編	
76	元空挨星圖說 附 地理九星并挨星真訣全圖　秘傳河圖精義等數種合刊	[清] 姚文田等	
77	姚氏地理辨正圖說	[清] 曾懷玉等	蓮池心法 玄空六法 門內秘鈔本首次公開
78	元空法鑑批點本　附 法鑑口授訣要、秘傳玄空三鑑奧義匯鈔　合刊	[清] 曾懷玉等	
79	元空法鑑心法	[清] 項木林、曾懷玉	揭開連城派風水之秘
80	曾懷玉增批蔣徒傳天玉經補註【新修訂版原（彩）色本】	[明] 趙連城	
81	地理辨正揭隱（足本）　附連城派秘鈔口訣	[明] 趙連城	
82	趙連城傳地理秘訣附雪庵和尚字字金	[民國] 王邈達	
83	趙連城秘傳楊公地理真訣	[清] 俞仁宇撰	巒頭形勢、「望氣」、「鑑神」
84	地理學新義	仗溪子、芝罘子	深入淺出，內容簡核
85	地理法門全書	[清] 熙齋上人	巒頭風水，
86	地理方外別傳	[清] 余鵬	集地理經典之精要
87	地理輯要	[清] 錫九氏	巒頭、三合天星，圖文並茂
88	地理秘珍	[清] 賈長吉	清鈔孤本羅經、三合訣法圖解
89-90	《羅經舉要》 附《附三合天機秘訣》　嚴陵張九儀增釋地理琢玉斧巒	[清] 張九儀	清初三合風水名家張九儀經典清刻原本！

心一堂術數古籍珍本叢刊 第二輯書目

編號	書名	作者	說明
178	《星氣(卦)》通義(蔣大鴻秘本四十八局圖并打劫法)、《天驚秘訣》合刊	題【清】蔣大鴻 著	江西興國真傳三元風水秘本
179	蔣大鴻嫡傳天心相宅秘訣全圖附陽宅指南等秘書五種	【清】蔣大鴻編訂、【清】汪云吾、劉樂山註	蔣大鴻嫡傳陽宅風水「教科書」！
180	家傳三元地理秘書十三種		真天宮之秘 千金不易之寶！
181	章仲山門內秘傳《堪輿奇書》附《天心正運》	【清】章仲山傳、【清】華湛恩	直洩無常派章仲山玄空風水不傳之秘 秘中秘——玄空挨星真訣公開！字字千金！
182	《挨星金口訣》、《王元極增批補圖七十二葬法訂本》合刊	【民國】王元極	
183-184	《家傳三元古今名墓圖集附謝氏水鉗》、《蔣氏三元名墓圖集》合刊	【清】孫景堂、劉樂山、張稼夫	蔣大鴻嫡傳風水宅案，幕講師、蔣大鴻、姜垚等名家多個實例，破禁公開！
185-186	《山洋指迷》足本兩種 附《尋龍歌》(上)(下)	【明】周景一	風水巒頭形家必讀《山洋指迷》足本！
187-196	蔣大鴻嫡傳水龍經注解 附 虛白廬藏珍本水龍經四種(1-10)	【清】蔣大鴻編訂、【清】楊臥雲、汪云吾、劉樂山註	蔣大鴻嫡傳一脈授徒秘笈，希世之寶 千年以來，師師相授之秘旨，破禁公開！ 完整了解蔣氏嫡派真傳一脈三元理、法、訣！ 附已知最古《水龍經》鈔本等五種稀見
197	批注地理辨正直解	【清】章仲山	
198	《天元五歌闡義》附《元空秘旨》(清刻原本)	【清】	
199	心眼指要(清刻原本)	【清】	無常派玄空必讀經典未刪改本！
200	華氏天心正運	【清】華湛恩	
201-202	批注地理辨正再辨直解合編(上)(下)	【清】蔣大鴻原著、【清】章仲山直解、【清】姚銘三再註	失傳姚銘三玄空經典重現人間！名家：沈竹礽、王元極推薦！ 近三百年來首次公開！章仲山無常派玄空秘密，和盤托出！
203	章仲山注《玄機賦》附《口訣中秘訣》《因象求義》等	【清】章仲山	章仲山注《玄機賦》及章仲山原傳之口訣及筆記
204	章仲山門內真傳《三元九運挨星篇》《運用篇》《挨星定局篇》《口訣篇》等合刊	【清】章仲山、柯遠峰等	
205	章仲山門內真傳《大玄空秘圖訣》《天驚訣》《飛星要訣》《九星斷略》《得益錄》等合刊	【清】章仲山、冬園子等	
206	撼龍經真義	吳師青註	近代香港名家吳師青必讀經典
207	章仲山嫡傳《翻卦挨星圖》《秘鈔元空秘旨》附《秘鈔天元五歌闡義》	【清】章仲山傳、【清】王介如輯	不傳之秘 透露章仲山家傳玄空嫡傳學習次弟及關鍵
208	章仲山嫡傳秘鈔《秘圖》《節錄心眼指要》合刊		
209	《談氏三元地理濟世淺言》附《打開一條生路》	【民國】談養吾撰	史上首次公開「無常派」下卦起星等挨星秘密之書
210	《談氏三元地理大玄空實驗》附《談養吾秘稿奇門占驗》	【民國】談養吾撰	了解談氏入世的易學卦德爻象思想
211-215	《地理辨正集註》附《六法金鎖秘》《巒頭指迷真詮》《作法雜綴》等(1-5)	【清】尋緣居士	集《地理辨正》一百零八家註解精華 匯巒頭及蔣氏、六法、無常、湘楚等秘本 史上最大篇幅的《地理辨正》註解
216	三元大玄空地理二宅實驗(足本修正版)	【民國】尤惜陰(演本法師)、榮柏雲撰	三元玄空無常派必讀經典足本修正版